이광희 글 | 이상규 조재석 김소희 그림

특종! 20세기 한국사를 즐겁게 여행하는 법

재미있게 꾸며진 《특종! 20세기 한국사》를 보다 더 잘 이해할 수 있는 방법은 없을까? 있습니다. 《특종! 20세기 한국사》 꼭지의 성격을 이해하면 한 권의 내용이 한눈에 쏙 들어온답니다!

역사 파노라마

'역사 파노라마'는 영화 포스터처럼 꾸며진 흥미만점 역사 연표입니다. 따라서 역사 파노라마를 펼쳐보면 그 사건이 언제, 왜 일어났는지, 사건의 핵심 인물이 누구인지를 한번에 알 수 있습니다. 20세기 한국사의 숲을 보고 싶다면 역사 파노라마를!

스타 인터뷰

'스타 인터뷰'는 만세 소녀 유관순, 영원한 노동자의 벗 전태일, 청문회 스타 노무현 등 20세기의 가장 '핫'한 인물을 만나 보는 코너입니다. 스타 인터뷰를 통해 역사 인물을 만나 보면 그 인물이 살았던 시대와 그 시대를 살았던 사람들의 고민을 온몸으로 느낄 수 있습니다.

특집

'특집'은 일제 침략기의 항일 의병운동, 일제강점기의 독립운동, 독재 시대의 민주화운동과 통일운동처럼, 20세기 한국사의 가장 핵심이 되는 주제를 만나 보는 코너입니다. 하나의 주제를 긴급 진단, 현장 르포, 일기, 대담 등 다양한 형식으로 다루기 때문에 쉽고 재미있게 핵심 주제를 파악할 수 있습니다.

20세기 핫이슈

'20세기 핫이슈'는 20세기의 가장 뜨거운 주제를 아주 '쿨'하게 보여 주는 코너입니다. 가령, 특집에서 독재에 맞선 민주화 운동을 다룬다면, 20세기 핫이슈에서는 통일 운동의 과정을 낱낱이 짚어 줍니다.

만화로 보는 20세기 한국사 명장면

'만화로 보는 20세기 한국사 명장면'은 20세기의 결정적인 사건을 만화로 보여 주는 코너. 어떻게 보면 이 책에서 이야기하려는 주제가 거의 다 들어 있다고 해도 과언이 아닙니다. '재미와 의미'라는 두 마리 토끼를 한 번에 잡을 수 있는 필수 핵심 코너!

세계는 지금

'세계는 지금'은 20세기 나라 밖에서 일어난 의미심장한 사건을 만나 보는 코너입니다. 그 사건들은 20세기 한국사와 긴밀하게 연결돼 있습니다. 가령, 동유럽 사회주의 붕괴가 우리의 남북 분단과 무관하지 않은 것처럼 말이지요.

문화와 생활

'문화와 생활'은 격동의 20세기 한국사 속에서 피어난 우리의 문화를 만나 보는 코너입니다. 20세기의 책과 노래와 그림, 그리고 거리의 패션과 음식, 스포츠까지. 20세기의 문화와 생활을 만나 보면 20세기 한국사의 마지막 퍼즐 완성!

차례

008 책머리에

010 시대를 여는 시
   〈임을 위한 행진곡〉

012 역사 파노라마

014 주요 인물 소개

016 스타 인터뷰
   청문회 스타 국회의원 노무현

특집
민주花 꽃이, 피었습니다

022 10·26에서 5·18까지,
   서울의 봄은 짧았다

026 1980년 5월 광주 이야기

035 광주항쟁을 이끈 3인방

042 6월항쟁의 불길이 타오르다

050 6월항쟁 일기

054 들불처럼 번진 노동자 대투쟁

058 한국 민주주의는 어떻게 발전해 왔나

062 특별기고
   물고문 전기 고문 사실 폭로

20세기 핫이슈
통일, 그날이 오면

066 남북 이산가족 찾기,
   한참 늦었지만 더 늦기 전에

070 가자 북으로 오라 남으로!
   남한 대학생, 거침없이 평양행

076 민간인 방북이 통일 운동에 미치는 영향

080 통일 소 500마리 몰고 북한 가던 날

086 남북 정상, 분단 55년 만에 뜨거운 포옹

094 남북정상회담 뒤 이렇게 달라져요

096 통일은 꼭 해야 할까

100 만화로 보는 20세기 한국사 명장면
   통일 할아버지, 문익환

110 풍경과 사람
   1997년 겨울, IMF의 거리

특파원 리포트
세계는 지금

116 베를린장벽 붕괴, 그리고 통일

118 소련 사회주의 붕괴, 20세기 말 최대 사건

120 홍콩, 150년 만에 중국 품으로

122 특종 인물 보기
20세기를 바꾼 인물 10人

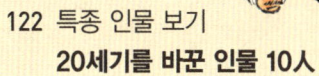
20세기 문화와 생활

124 따끈따끈 화제의 책

126 새 시대 새 음악

128 미술의 새 흐름

130 한국 영화감독 열전

132 최신 유행 패션

134 새로운 음식 문화

136 스포츠 하이라이트

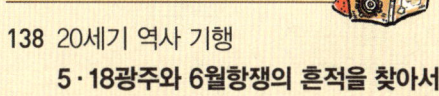

138 20세기 역사 기행
5·18광주와 6월항쟁의 흔적을 찾아서

140 특종 다시 보기
20세기 한국사 10大 사건

142 퀴즈
20세기 한국사 완전정복

144 지금은 마감 중
와글와글 편집실 풍경

146 편집 후기

147 사진과 그림
제공 및 출처

책머리에

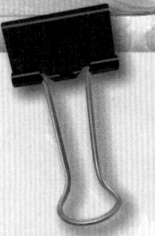

민주화를 넘어 통일로

어느덧 《특종! 20세기 한국사》의 마지막 이야기를 해야 할 시간이 되었군요. 이번 다섯 번째 권에서는 1980년부터 2000년까지의 시기를 다룰 거예요. 흔히 말하는 민주화 운동이 활화산처럼 폭발했던 시기, 그리고 통일 운동이 어느 때보다 뜨겁게 일어났던 때이지요.

1979년 10월 26일, 18년간 장기 집권을 했던 박정희가 가장 믿었던 부하의 총에 맞아 갑자기 세상을 떠났어요. 그가 죽자 그간 독재 정치에 신물이 난 많은 국민들이 이제 이 땅에도 민주주의의 봄이 올 거라는 기대감에 부풀었어요.

하지만 그것도 잠시, 전두환을 중심으로 하는 신군부 세력에 의해 그 기대는 무참히 깨지고 말았어요. 그들은 문화와 예술의 고장 빛고을 광주에서 민주화를 열망하는 학생과 시민들을 군홧발과 총칼로 짓누르고 권력을 움켜쥐었어요. 그 바람에 박정희 군사 독재 18년을 참고 견뎌 왔던 국민들은 또다시 전두환의 군부 통치 아래 살게 되었지요.

전두환의 독재 또한 박정희와 조금도 다를 바가 없었어요. 정권에 저항하는 사람들을 끌고 가 밀실에서 끔찍한 고문을 하는가 하면, 북한과는 아무 관련이 없는 사람들을 간첩으로 뒤집어 씌워 말 못할 고통을 안겨 주기도 했지요. 그러다가 마침내 서울대생 박종철 군이 고문으로 숨지는 사건이 발생했지요. 이는 곧 1987년 6월민주항쟁의 도화선이 되었어요. 그로 인해 철옹성 같았던 전두환 군사 정권은 온 국민의 저항 앞에 마침내 항복을 하고 말았지요.

《특종! 20세기 한국사》 5권 '특집'에서는 바로 그 이야기를 정면으로 다루었어요. 1980년 광주항쟁부터 1987년 6월항쟁까지 우리 국민들이 민주주의를 이루기 위해 얼마나 치열하게 독재에 맞서 싸웠는지를 살펴볼 거예요. 민주화 운동 이후 이어져 온 통일 운동에 관해서는 '20세기 핫이슈'에서 자세하게 다룰 거고요.

이번 5권의 '스타 인터뷰' 주인공은 5공 청문회에서 맹활약을 펼친 청문회 스타 국회의원 노무현이에요. 또한 여러분에게 언제나 최고의 사랑을 받는 '만화로 보는 20세기 한국사 명장면'의 주인공은 칠순을 넘긴 나이에도 아랑곳없이 누구보다 열정적으로 민주화와 통일을 위해 몸 바친 통일 할아버지 문익환이에요.

이 밖에도 '풍경과 사람'에서는 단군 이래 최고의 국가 위기였던 IMF 경제 위기 시절의 사람들 모습을 살펴보고, '세계는 지금'에서는 소련과 동유럽의 사회주의 몰락과 독일 통일 소식을 생생하게 전해 드릴 거예요. 특히 '20세기 한국사 10대 사건'에서는 지난 100년간의 우리 역사를 한눈에 볼 수 있는 기회를 마련했어요.

20세기는 지금 여러분이 살고 있는 21세기와 잇닿아 있어요. 그러니까 오늘날 내가 발 딛고 사는 세상을 이해하려면 20세기가 어땠는지 살펴보는 게 아주 중요하지요. 자, 그럼 이제부터 민주화와 통일 운동의 열기가 뜨겁게 달아오르는 20세기의 마지막 한 시대로 여행을 떠나 볼까요?

2012년 겨울날 이광희

시대를 여는 시

임을 위한 행진곡

백기완 원작
황석영 작사

사랑도 명예도 이름도 남김없이
한 평생 나가자던 뜨거운 맹세
동지는 간 데 없고 깃발만 나부껴
새날*이 올 때까지 흔들리지 말자.

세월은 흘러가도 산천은 안다
깨어나서 외치는 뜨거운 함성
앞서서 나가니 산 자여 따르라
앞서서 나가니 산 자여 따르라.

*새날 민주화가 이뤄지는 그날

노래 모음집 〈임을 위한 행진곡〉

〈임을 위한 행진곡〉은 어떤 노래일까?

우리나라에는 애국가가 있고, 민중의 애환이 서린 노래 아리랑이 있습니다. 1980년 광주항쟁의 좌절과 극복을 노래한 〈임을 위한 행진곡〉은 민주화 시위 현장에서 애국가처럼 또는 아리랑처럼 불렸던 노래입니다. 시인은 말합니다. 지금은 비록 동지는 간 데 없고 깃발만 나부끼지만, 이 땅에 민주주의의 그날이 올 때까지 흔들리지 말고 앞서서 나가자고 말입니다.

민주화 시위 현장의 애국가, 〈임을 위한 행진곡〉

노래가 만들어진 내력 광주항쟁의 상처가 채 아물지 않은 1981년. 광주에서 문화 운동을 하고 있던 소설가 황석영은, 광주항쟁 당시 시민군 대변인으로 활동하다 전사한 윤상원과 노동 운동을 하다 죽은 그의 애인 박기순의 영혼결혼식을 위한 노래 굿을 준비하고 있었다. 황석영은 극 중에서 윤상원과 박기순이 부를 노랫말을 지었고, 여기에 곡을 붙여 노래가 만들어졌다. 이 노래는 1982년 광주의 망월동 묘역에서 거행된 두 사람의 영혼결혼식 때 〈임을 위한 행진곡〉이라는 제목으로 세상에 첫선을 보였다. 이후 민주화 운동과 노동 운동, 그리고 통일 운동 현장에서 가장 널리 불리는 노래가 되었다.

원작 시 지은 백기완은 누구 이 노래의 작사가는 소설가 황석영으로 알려졌지만, 원작자가 따로 있다. 주인공은 재야 민주화 운동가 백기완. 백기완은 민주화 운동을 하다가 구속됐을 당시 서대문 형무소에서 이 시를 지은 것으로 알려졌다. 그는 1970년대 박정희 정권에 저항하다 의문의 죽음을 당한 장준하와 함께 민주화 운동에 앞장선 인물이다. 1960년 4·19 혁명 시위 때부터 2000년대 이후까지 수많은 민주화 시위에 참여해, 이른바 '세계에서 가장 최루탄을 많이 마신 사람'으로 유명하다. 오늘날 우리가 흔히 쓰는 '달동네, 동아리, 새내기 같은 순우리말을 널리 퍼뜨리는 데 앞장서기도 했다.

백기완

역사 파노라마

1980년
5·18 광주항쟁
아, 광주여 금남로여!

각본 광주 시민 감독 광주 시민 주연 광주 시민
조연 전두환과 계엄군 1980년 개봉

전두환과 신군부의 잔혹한 학살에 맞선 광주 시민들의 처절한 저항 드라마. 민주화를 외치던 광주 시민들은 총칼을 앞세운 계엄군의 탄압에 과연 어떻게 맞설까?

1982년
광주 학살때 미국은 뭐했나?
부산 미문화원 방화사건

각본 부산 지역 대학생 감독 문부식
주연 문부식과 부산 지역 대학생들 1982년 개봉

미국에게 광주 학살의 책임을 묻는 반미 드라마의 원조. 미국 문화원을 점거하고 불을 지른 대학생과 그들을 검거하려는 공안 당국의 숨 막히는 추격전.

1987년
6월 민주항쟁
4·19보다 더 센 민주항쟁이 온다

각본 민주헌법쟁취 국민운동본부
감독 민주헌법쟁취 국민운동본부 주연 전 국민
조연 전두환과 노태우 1987년 개봉

전두환 군사 독재를 끝장내려는 국민과 독재 정권을 유지하려는 세력 사이에 한 치 양보 없는 대결이 펼쳐진다. 서울에서 제주까지 전국 올 로케이션 촬영된 국민 영화, 전국 동시 개봉 확정!

역사 파노라마

영화보다 더 영화 같은 20세기 한국사 파노라마. 80년 광주 항쟁에서 87년 6월항쟁으로 이어지는 민주화 대장정과 통일을 향한 불굴의 정신을 만나 본다. 기대하시라, 개봉 박두!

세계는 서울로, 서울은 세계로

1988년

증인, 똑바로 대답하시오!

국회 5공 청문회

각본 대한민국 국회 감독 각 정당 대표
주연 노무현과 국회의원 조연 전두환과
똘마니들 1988년 개봉

헌정 사상 최초의 청문회를 소재로 한 정치 드라마. 5공화국의 비리를 파헤치려는 국회의원들과 시종일관 오리발을 내미는 증인들의 침 튀기는 설전. 과연 최후 승자는?

1990년

한지붕 세가족의 동거가 시작된다.

민주자유당 3당합당

각본 노태우와 그 일당 감독 노태우와 그 일당
주연 김영삼 조연 노태우 김종필 1990년 개봉

박정희 추종 세력과 전두환 독재 세력, 그리고 김영삼 세력이 손잡고 만든 막장 드라마. 3당 야합을 해서라도 대통령의 꿈을 이루려는 김영삼. 과연 그의 막장 드라마는 성공할 것인가.

1997년

사상 첫 정권교체

선거로 정권이 바뀌다

각본 김대중 감독 김대중 주연 김대중
조연 김종필 1997년 개봉

이승만·박정희·전두환·노태우·김영삼으로 이어지는 보수 세력의 집권을 민주 세력으로 교체한 유쾌 통쾌 상쾌한 정치 드라마.

2000년

6·15 남북공동선언

남북 정상, 만나니까 좋잖아!

각본 남북 정부 감독 김대중 김정일 주연 김대중
김정일 조연 대통령의 밀사들 2000년 개봉

서울과 평양을 오가며 촬영한 분단 이후 최초의 남북 합작 드라마. 남북의 화해와 통일을 위해 만난 김대중과 김정일. 과연 두 정상의 합의대로 한반도에 평화가 찾아올 것인가.

주요인물소개

격동의 1980~90년대를 주름잡은 인물들.
민주화와 통일 운동의 과정에서 빛과 그림자로
활약한 주요 인물 8인을 만나 본다.

29만 원으로 땡땡거리는 전두환

1980년 5월 18일 광주에서 민주화를 외치는 시민들을 무참히 학살한 최종 책임자. 광주항쟁을 무력으로 진압한 뒤 대한민국 대통령이 되었으며, 퇴임 후 1996년 초 반란죄, 내란죄, 수뢰죄로 사형선고를 받았으나 1997년 말 풀려남. 한편 국가로부터 약 2천억 원의 추징금을 선고받자, 수중에 29만 원밖에 없다며 버텨 국민들에게 코미디언보다 더 웃기는 사람으로 취급받음.

광주항쟁 시민군 대변인 윤상원

광주항쟁 당시 마지막 순간까지 계엄군에 맞서 싸우다 죽은 시민군 대변인. 광주항쟁이 일어나자 들불야학 학생들과 함께 《투사회보》를 만들어 광주 시민들에게 계엄군의 잔인함을 알렸으며, 항쟁 지도부를 꾸려 시민군 대변인으로 활약하다가 계엄군의 도청 기습공격 때 전사함. 민주화 시위 현장에서 애국가로 불리는 노래 〈임을 위한 행진곡〉의 실제 주인공.

청문회 스타 바보 노무현

새내기 국회의원 시절 국회 5공 청문회에서 날카롭고 논리적인 질문으로 청문회 스타로 떠오름. 이후 국회의원과 시장 선거에서 당선이 보장된 지역을 버리고 당선 가능성이 낮은 부산에서 출마하는 바람에 연거푸 낙선함. 이 덕분에 '바보'라는 별명과 '노사모'라는 팬 카페가 생겼으며, 이를 바탕으로 2002년 기적같이 대통령에 당선됨.

3당 합당과 IMF의 기억 김영삼

박정희 시절 반독재 투쟁을 이끈 정치가. 라이벌 김대중과의 차기 대권 승부가 불안해지자 1990년 군사 독재 세력과 야합하여 마침내 1992년 꿈에 그리던 대통령이 됨. 이후 여러 가지 개혁 조치로 큰 인기를 얻었으나, 임기 말엔에 단군 이래 최대 국가 위기라고 일컫는 IMF 구제금융 사태를 초래해 그전까지 잘했던 거 다 까먹고 국민들로부터 커다란 원성을 삼.

하나가 되는 것은 더욱 커지는 일이다

민주화와 통일 운동에 헌신한 문익환

시인이자 목사, 그리고 박정희 독재 시절부터 전두환, 노태우 군사 정권 시절까지 민주화 운동에 앞장선 재야 지도자. 민주화와 통일은 하나라는 생각으로 1989년 북한을 방문, 김일성을 만나 평화적인 남북통일 방안에 대해 논의함. 통일을 염원한 시 〈꿈을 비는 마음〉을 쓴 시인이자, 〈하늘과 바람과 별과 시〉를 쓴 시인 윤동주의 절친이기도 함.

소 떼 오백 마리 몰고 휴전선을 넘은 정주영

현대그룹의 창업주이자 남북한 경제 교류에 힘쓴 기업인. 1998년 통일 소 오백 마리를 몰고 판문점을 넘어가는 이벤트를 벌여 지구촌 화제의 주인공이 됨. 이어 금강산 관광을 성사시켜 남한의 민간인들이 금강산을 여행할 수 있는 물꼬를 틈. 하지만 2001년 폐렴으로 인한 합병증으로 사망함. 그 후 2008년 7월 11일 일어난 금강산 관광객 피격 사망 사건으로 금강산 관광이 중단됨.

남북 화해 위해 애쓴 김대중

유신 독재 반대 투쟁과 민주화 운동, 그리고 한반도 통일을 위해 헌신한 현대사의 산증인. 박정희 정권에 이어 전두환 군사 정권 때도 죽음의 문턱까지 갔다가 살아남았으며, 1997년 사상 첫 정권 교체로 대통령이 되어 IMF 경제 위기를 극복하는 데 힘씀. 이후 남북 화해를 위해 햇볕정책을 올곧게 추진했으며, 6·15남북공동선언을 이뤄 낸 공로를 인정받아 노벨평화상을 수상함.

민주주의자 김근태

군부 정권에 항거한 민주화 운동의 상징적 인물. 1983년 민주화운동청년연합을 결성하여 의장으로 활동하다가 1985년에 체포됨. 곧이어 치안본부 남영동 대공분실에서 23일 동안 가혹한 물고문과 전기 고문을 받고 수감됨. 하지만 동지이자 아내인 인재근을 통해 그 사실을 세상에 알려 부부가 공동으로 '로버트 케네디 인권상'을 수상함. 그 후 2011년 고문 후유증으로 사망함.

스타인터뷰

청문회 스타 국회의원 노무현
시련은 있어도 불의와 타협은 없다

구성·이형진

1988년 한국 사회에서 가장 뜨거운 이슈는 뭐였을까.
다름 아닌 '5공 청문회'였다. 이 청문회에서 단연
발군의 기량을 보여 준 국회의원이 있다.
바로 인권변호사 출신의 새내기 국회의원 노무현이다.
여기 그의 눈부신 활약상을 들어 보기로 한다.

'1990년대 대한민국을 이끌어 갈 정치 유망주를 찾아서'라는 제목으로 새해 특집 기사를 써야 하는 기자의 취재 수첩에는 이름만 대면 알 만한 정치인이 여럿 적혀 있다. 이를테면 김영삼이라든가, 김대중처럼 쟁쟁한 인물들 말이다. 하지만 두 사람은 이미 유망주라기보다 정치 거물인지라, 기자는 고민 끝에(사실 고민 별로 안 하고 바로 찍었다.) 국회의원 노무현을 만나 보기로 했다.

어느 날 자고 일어나 보니 스타가 돼 있더라는 서양 속담은, 꼭 노무현을 두고 하는 말 같았다. 새내기 국회의원 노무현이 스타덤에 오른 건 불과 엊그제 일이다. 5공 청문회에서 보여 준 그의 활약이 국민들의 응어리진 가슴을 뻥 뚫어 주어, 그는 단박에 스타 정치인으로 떠올랐다.

다른 국회의원들이 증인들을 불러다 놓고 장황한 연설을 늘어놓거나 호통만 쳐 대는 것과 달리, 노무현은 논리정연하게 정곡을 찌르는 질문으로 증인들을 꼼짝 못하게 만들었다. 그 바람에 증인들은 오리발을 내밀다가 거짓말임이 들통나기 일쑤였고, 땀을 삐질삐질 흘리며 잘못을 시인해야만 했다. 신문과 방송은 그런 노무현에 주목했고, 국민들 또한 너나없이 열광했다.

Q 여러 언론에서 스타 정치인이라고 소개하고 있는데요, 소감 한 말씀 해 주시죠.

"글쎄요. 그저 얼떨떨할 뿐입니다. 국민들께서 이렇게 뜨거운 반응을 보내 주실 줄 미처 몰랐습니다. 앞으로 의정 활동을 더 잘하라는 격려가 아닐까요."

Q 5공 청문회에는 어떻게 참여하게 된 건가요?

"전두환 정권이 5공화국 정부 하에서 워낙 비리를 많이 저지르지 않았습니까? 그래서 1988년 13대 여소야대 국회에서 5공화국 비리와 광주 학살에 대한 특별조사위원회를 구성해 청문회를 열기로 여야가 합의를 했습니다. 이게 뭐냐면 해방 후 반민족행위자특별조사위원회(반민특위)를 만들어 친일파를 청산하려 했던 것처럼, 전두환 정권 때 저지른 비리를 조사해서 처벌하자는 거지요. 저는 통일민주당 소속 국회위원으로 5공 청문회에 참여하게 된 겁니다."

가자 노무현과 함께 사람 사는 세상으로
노무현은 부산 지역의 인권 변호사로 활약하다가 1988년 첫 국회의원에 당선된다.

Q 그래서 청문회에서 전두환 전 대통령이 기업으로부터 수천억 원의 비자금을 받아 챙긴 사실 같은 여러 비리들을 밝혀 낸 걸로 아는데요, 하지만 노 의원께서 국민들에게 강한 인상을 안겨 준 건 그러니까 1989년 12월 31일 밤 증인으로 나온 전두환이 퇴장할 때 명패를 집어 던진 사건 때문이 아닌가요?

"하하. 일부 신문에 그렇게 기사가 났는데요, 사실과 다릅니다. 단상 앞으로 명패를 집어 던진 게 아니라 그냥 화가 나서 바닥에 내동댕이친 겁니다. 전두환이 광주항쟁 때 계엄군이 광주 시민들에게 총을 쏜 건 자신들을 지키기 위한 자위권 행사라고 증언을 하지 뭡니까? 그 바람에 장내가 소란해지자 전두환이 퇴장을 했지요. 청문회는 그것으로 끝났고요. 그런 상황에서 이래저래 너무 화가 난 나머지 제 명패를 바닥에 내동댕이친 겁니다."

Q 청문회 스타로서 앞으로의 포부를 한 말씀 해 주신다면······.

"포부랄 게 뭐 있겠습니까. 국회의원으로서 오로지 국민을 대신해 정치를 잘 해야겠다는 생각뿐이지요. 덧붙여 이전에도 그랬던 것처럼 앞으로도 불의와 결코 타협하지 않겠다는 말씀을 드리고 싶습니다."

노무현의 어릴 적 모습(앞줄 왼쪽)
노무현은 경남 김해 봉하마을에서 가난한 농부의 아들로 태어났다.

3당 합당에 강력히 항의하는 노무현

원칙과 소신의 정치인 노무현

불의와 타협하지 않겠다는 노무현의 말은 인터뷰가 있은 지 얼마 뒤 입증됐다. 1990년 1월 22일, 통일민주당 총재 김영삼이 여당인 민정당과 다른 야당인 공화당과 함께 3당 합당을 한다고 발표하는 자리였다. 그는 벌떡 자리를 박차고 일어나 "이의 있습니다!" 하고 브레이크를 걸고 나선 것이다.

3당 합당은 누가 봐도 야합이었다. 대통령이 되려는 욕심에 김영삼은 자신이 그동안 맞서 싸워 온 광주 학살 세력과 손을 잡은 것이었다. 노무현은 3당 야합이라는 불의와 결코 타협할 수 없었다. 그래서 정치 스승이자, 그를 국회의원의 길로 이끌어 준 김영삼과 과감하게 결별했다.

이 때문에 노무현은 앞으로 고난의 정치 역정을 겪게 될지도 모른다. 하지만 그 시련이 때론 더 큰 미래를 만들어 주는 보약이 되기도 한다. 그렇게만 된다면 한 10년쯤 뒤엔 사람 사는 세상을 꿈꾸는 대통령 노무현을 보게 되지 않을까. Ⓗ

노무현을 이해하는 다섯 가지 열쇳말

인권변호사 가난 때문에 상고에 진학, 졸업 후 독학으로 사법고시에 합격했다. 변호사 시절, 민주화 운동을 하던 학생들의 변론을 맡은 것을 계기로 인권변호사의 길로 들어섰다.

거리의 투사 1987년 6월항쟁 때 부산에서 반독재 시위에 앞장섰다. 같은 해 최루탄에 맞아 숨진 노동자의 사인 규명에 나섰다가 구속되어 변호사 업무 정지 처분을 받기도 했다.

청문회 스타 5공 청문회에서 논리정연하게 증인들을 몰아세워 단박에 청문회 스타가 되었다.

바보 노무현 지역주의를 타파하고자 부산에서 출마를 고집하는 바람에 국회의원과 시장 선거에서 연거푸 낙선했다. 이때 '바보'라는 별명을 얻었고, 노사모라는 팬 카페가 만들어졌다.

노간지 대통령 퇴임 뒤 봉하마을에서 인기가 급상승하며 얻은 또 다른 별명.

특집

- 10·26에서 5·18까지, 서울의 봄은 짧았다
- 1980년 5월 광주 이야기
- 광주항쟁을 이끈 3인방
- 6월항쟁의 불길이 타오르다
- 6월항쟁 일기
- 들불처럼 번진 노동자 대투쟁
- 한국 민주주의는 어떻게 발전해 왔나

민주花 꽃이, 피었습니다

"대한민국은 민주공화국이다. 대한민국의 주권은 국민에게 있고, 모든 권력은 국민으로부터 나온다." 우리 헌법 제1조 1항과 2항에 나와 있는 말이다. 그런데 우리 국민은 이 당연한 권리를 누리기 위해 참으로 긴 세월을 치열하게 싸워 왔다. 박정희가 죽고 민주화의 봄이 오는가 싶더니, 또다시 신군부 전두환 일당이 나타나 광주 시민을 학살하고 독재를 이어 갔다. 그에 굴하지 않고 우리 국민은 6월항쟁으로 맞섰고, 마침내 승리의 기쁨을 맛볼 수 있었다. 1980년 광주항쟁부터 1987년 6월항쟁까지 한국 민주화 운동이 어떻게 전개돼 왔는지를 낱낱이 짚어 보기로 한다.

긴급진단

10·26에서 5·18까지, 서울의 봄은 짧았다

대한민국이 도대체 어디로 흘러가려고 이러는지 모르겠다. 지난해 박정희가 부하의 총에 피살되면서 이제 민주주의가 오나 했더니 또 다른 군인 전두환이 나타나 권력을 장악했다. 시사평론가와 함께 숨 가쁘게 돌아가는 현재의 한국 정치 상황을 긴급 진단 한다.

12·12사태
1979년 12월 12일, 전두환과 노태우 등이 이끌던 군부 내 사조직인 '하나회' 중심의 신군부 세력이 일으킨 군사 반란 사건.

박정희의 '겨울 공화국'이 끝나고

기자 작년(1979) 10월 26일 박정희가 김재규에 의해 피살됐습니다. 그런데 두 달이 채 못 돼 전두환이 12·12사태를 일으켰습니다. 이후 정국은 한 치 앞을 내다보기 힘든 안개 속으로 빠져 들어갔습니다. 앞으로 정세가 어떻게 전개될지 무척 궁금한데요, 먼저 10·26사태 이후의 큰 흐름을 말씀해 주시겠습니까?

시사평론가 현재의 정세를 이해하려면 먼저 10·26사태 이후부터 12·12사태까지, 그리고 그 뒤부터 현재의 1980년 5월까지로 나누어서 살펴봐야 합니다. 먼저 박정희 피살 이후 상황을 살펴보면, 박정희가 죽자 계엄령이 선포됐습니다. 나라가 위기 상황이니까 군부가 나서서 사회가 안정될 때까지 통치를 하겠다는 거였죠. 이런 상황에서 박정희 피살 사건의 수사 책임을 맡았던 전두환 소장이 12월 12일 군사 반란을 일으켰습니다.

기자: 위기 상황을 잘 관리해야 할 군부가 느닷없이 군사 반란을 일으키다니, 고양이한테 생선 가게를 맡긴 꼴이군요. 도대체 어찌 된 일입니까?

시사평론가 보안사령관이었던 전두환이 박정희 피살 사건 수사를 맡았는데, 하는 꼴을 보니 수사만 하는 게 아니라 야금야금 군부를

장악해 가는 거예요. 그래서 계엄사령관이 전두환 같은 정치 군인들을 제거하려 들자 전두환이 먼저 손을 쓴 거죠. 상관인 계엄사령관을 대통령 결재도 없이 체포하고 나서 군부를 완전히 장악했습니다. 한마디로 하극상이자 군사 반란이죠.

기자 박정희도 쿠데타를 일으켜 권력을 찬탈하더니, 있어서는 안 될 역사가 되풀이된 거군요. 그런데 한 가지 의문이 드는데요, 어떻게 그처럼 쉽게 군사 반란이 일어날 수 있었던 거죠? 그걸 막는 군인들은 없었나요?

시사평론가 장태완 장군 같은 사람이 반란을 진압하기 위해 나서긴 했습니다. 장태완은 당시 수도경비를 담당하는 부대의 사령관이었는데, 전두환 세력이 계엄사령관을 체포했다는 소식을 듣고, "야, 이 반란군 놈의 새끼야! 내 지금 전차를 몰고 가서 네 놈들 머리통을 박살내 버리겠어!"라며 노발대발했답니다. 하지만 전두환과 그 일당이 워낙 치밀하게 작전을 짜고 반란을 일으켰기 때문에 막아 낼 수가 없었습니다. 장태완도 결국 신군부 세력에게 체포되고 말았지요. 사실 그때만 해도 저는 사회가 안정이 되면 민주적인 절차에 의해 민간에 권력을 넘기겠지, 하고 생각했습니다. 그런데 전두환은 처음부터 그럴 생각이 없었던 것 같습니다.

5·16쿠데타와 12·12사태

전두환과 신군부는 1979년 12월 12일 그들의 상관인 계엄사령관을 체포하는 반란을 일으켰다. 이후 군부 권력은 빠르게 전두환의 손에 넘어갔다. 12·12사태는 5·16쿠데타를 떠올리게 한다. 전두환은 박정희가 5·16쿠데타를 일으켜 권력을 찬탈한 것처럼 불법으로 군대를 동원해 권력을 차지한 것이다.

12·12사태의 주역들
육사 11기를 중심으로 한 12·12 신군부 쿠데타가 성공한 이틀 뒤인 1979년 12월 14일 보안사령부 현관 앞에서 기념 촬영한 모습. 앞줄 왼쪽에서 네 번째가 노태우이고, 그다음이 전두환이다.

'서울의 봄'이 오는가 싶더니

기자 그럴 생각이 없었다면…….

시사평론가 : 배운 게 도둑질이라고, 제가 볼 때는 박정희가 5·16쿠데타를 일으키고 나서 대통령을 해 먹은 것처럼, 전두환도 12·12사태를 일으킬 때 이미 권력을 잡겠다는 마음을 품고 있었던 게 아닌가 하는 생각이 듭니다.

기자 결국 그렇게 해서 군부가 전두환과 그 일당한테 넘어갔고, 이후 1980년 봄이 되면서 이에 대한 국민들의 저항이 일어났는데요, 12·12사태 이후 현재까지의 상황을 진단해 주시겠습니까?

시사평론가 전두환이 군부를 장악하고 정치권력까지 차지하려 하자, 올해 1980년 봄부터 이에 대한 저항이 거세게 일어났습니다. 대학생, 지식인, 종교인, 언론인 같은 민주 세력과 김영삼, 김대중 같은 야당 정치인들이 주요 세력이었지요. 국민들이 전두환 신군부에 요구한 건 이런 거였습니다. 즉시 비상계엄을 해제하고, 어서 대통령 직선제를 실시해서 대통령을 뽑자는 거였지요.

기자 저도 집회나 시위 취재를 했는데요, 열기가 정말 뜨거웠습니다. 그래서 우리 언론에서는 1980년 봄을 일컬어 '서울의 봄'이라고 했지요. 박정희의 겨울 공화국이 끝났으니 민주주의의 봄이 올 거라는 기대를 하고서 말이죠.

시사평론가 그렇습니다. 오랫동안 박정희 독재와 싸워 온 김대중, 김영삼 같은 야당 지도자와 공화당의 김종필까지 가세하여 이른바 3김이 전면에 나섰습니다. 이들은 전두환이 떡 줄 생각도 않는데, 서로 대통령 선거에 나서겠다고 김칫국부터 마셨습니다. 하지만 이런 기운은 서울의 봄을 여는 데 일정한 기여를 했습니다. 대학생들도 3월 개학과 함께 거리 시위에 본격적으로 나섰는데, 저항 규모가 5월 들어 절정에 달했죠.

환영 인파에 둘러싸인 김대중
1980년 4월 6일, 한신대 초청 시국 강연회에 참석한 김대중이 청중의 환호에 답하는 모습.

기자 그러다가 갑자기 시위가 수그러들었는데요, 그건 무슨 까닭이죠?

시사평론가 대학생들은 이렇게 시위가 커지면 자칫 군부가 무력으로 시위 진압을 하지 않을까 노심초사했습니다. 그래서 5월 중순 서울역 앞에서 대대적인 시위를 벌인 뒤 시위를 자제하는 분위기로 돌아선 것이죠. 이에 따라 한창 피어오르던 서울의 봄기운이 어느새 사그라진 것입니다.

기자 그렇군요. 서울의 봄이 너무 짧게 끝난 게 아닌가 하는 아쉬움이 있네요. 아, 말씀 도중 죄송합니다만 속보가 들어왔네요. 공수 부대원들을 실은 군용 차량이 5월 17일 현재 전라남도 광주로 속속 집결하고 있다는 소식입니다. 어찌 된 일인지 제가 현장에 출동해 알아봐야 할 것 같습니다. 아쉽지만 오늘 긴급 진단은 여기서 마치겠습니다. Ⓗ

서울의 봄은 어디에서

'서울의 봄'은 박정희가 죽고 난 다음해인 1980년 봄, 대학생과 시민들이 민주화를 요구하고 나선 것을 이르는 말이다. 이 말은 '프라하의 봄'에서 따왔다. 프라하의 봄이란 1968년 사회주의 국가였던 체코의 민주화 운동을 가리킨다. 소련은 다른 사회주의 국가로 번지는 것을 막기 위해 체코의 수도 프라하에서 벌어진 민주화 운동을 탱크로 짓밟았다. 전두환과 노태우를 중심으로 한 신군부 세력도 1980년 오월 광주에서 그랬다.

1980년 서울의 봄
1980년 5월 15일 서울역 앞 광장을 가득 메운 대학생들의 시위 행렬 모습. 그 사흘 뒤 광주항쟁이 시작된다.

현장르포

1980년 5월 광주 이야기

박정희가 5·16쿠데타를 일으킬 때처럼 전두환은 1980년 5월 17일 24시를 기해 전국에 비상계엄 확대조치를 내려 5·17쿠데타를 일으켰다. 그리고 그다음 날인 5월 18일 전두환 일당은 광주에서 민주화를 요구하는 시민들을 총칼로 무참히 짓밟았다. 현장 취재 전문 이 기자가 빛의 속도로 광주로 내려갔다.

광주항쟁 진압 작전에 동원된 전차들

위험한 상견례

1980년 5월 18일, 새벽 기차를 타고 광주에 도착했다. 어제 공수부대를 실은 군용 트럭이 속속 광주로 집결한다는 제보를 받았을 때, 전두환과 신군부 세력이 광주에서 뭔 일을 벌이려는 게 아닌가 하는 의심을 품었는데, 오늘 새벽 0시를 기해 계엄령을 전국으로 확대한다는 뉴스를 접하곤 의심이 불안으로 바뀌었다. 계엄령을 확대하고 계엄군을 전격 투입한다는 건 무언가 큰 충돌을 암시하는 것이기 때문이다.

이른 아침 광주는 고요했다. 광주역에서 전남대학교로 가는 시내 곳곳에 무장한 군인들이 지키고 서 있는 것 말고는 평상시 모습과 다르지 않았다. 하지만 오전 10시 전남대학교 정문에 도착했을 때, 무언가 심상치 않은 예감이 엄습했다.

교문 앞에서는 군인들이 학교 출입을 통제하고 있었다. 200여 명의 대학생들은 정문과 조금 떨어진 곳에 모여들어 그들과 대치하고 있었다. 광주 지역의 대학생들은 만일 휴교령이 내려지면 오전 10시 교문 앞에 모여 시위를 벌이기로 약속이 돼 있었다. 그 무렵 서울을 비롯한 다른 도시에서는 민주화의 열기가 사그라졌지만, 광주에서만은 그 불씨가 여전히 살아남아 있었던 것이다.

학생들은 교문과 멀리 떨어진 곳에 모여 앉아 "계엄령을 해제하라!" "전두환은 물러가라!"는 구호를 소리 높여 외치기 시작했다. 계엄군은 그 자리에 모여 있는 학생들에게 즉시 해산하라고 다그쳤지만, 학생들이 이에 불응하자 짧은 기합 소리와 함께 빠른 속도로 학생들에게 달려들었다.

그들은 이제까지 시위를 저지하던 경찰들과는 사뭇 달랐다. 잽싸게 달려들어 곤봉을 마구 휘두르고 닥치는 대로 군홧발로 학생들을 짓밟았다. 곤봉도 경찰이 쓰는 것과 달리 쇠심이 박혀 있어서 그것에 맞은 학생들은 머리가 피범벅이 된 채 쓰러졌다. 전남대 정문 앞은 순식간에 아수라장으로 변했다. 학생들은 계엄군의 위세에 눌려 일단 후퇴를 했다.

오후 들어 학생들은 광주 도심인 금남로에 삼삼오오로 집결했다. 하지만 이곳에도 계엄군이 나타나 오전보다 더 잔인하게 곤봉을 휘갈겼고, 반항하는 학생들에게는 대검으로 찌르거나 쓰러뜨린 뒤 군홧발로 가슴과 얼굴을 마구 짓밟았다. 계엄군은 주변에서 이를 나무라는 노인에게도 곤봉을 휘갈겨 그 자리서 쓰러뜨렸다. 계엄군과 광주 시민의 첫 상견례는 한마디로 충격과 놀라움 바로 그 자체였다.

작전명 화려한 휴가

5월 18일 광주에 투입된 계엄군의 작전명은 '화려한 휴가'였다. 계엄군은 대검을 꽂은 소총과 쇠심이 박힌 곤봉을 들고 화려하게 등장했다. 작전명답게 광주에서 그들이 보여 준 폭력성은 화려하기 이를 데 없었다. 곤봉으로 대검으로 군홧발로 그러다가 마침내는 시민들을 향해 총을 난사했다. 4·19혁명 때도 경찰이 쏜 총에 많은 시민들이 목숨을 잃긴 했지만, 1980년 5월 광주에서 계엄군이 저지른 폭력성에는 비할 바가 못 되었다. 과연 그들에게 그토록 '화려한 휴가'를 명령한 작자는 누구였을까.

왜 광주였을까?

1980년 민주화의 봄이 수그러들 때 광주만은 예외였다. 다른 곳에서는 시위가 잦아들었지만 광주에서는 전남대 학생들을 중심으로 시위가 계속 이어지고 있었다. 여기에 정치권에서는 신민당과 공화당 양당 총무가 개헌안 문제를 논의하기로 합의하자, 정권을 잡는 데 혈안이 돼 있던 전두환과 신군부 세력은 서둘러 5월 17일 24시를 기해 전국에 비상계엄 확대조치를 발표한다. 그러고는 뭔가 확실하게 본때를 보여 줄 계획으로 서울에서 멀리 떨어져 있는 광주를 타깃 삼아 공수부대를 전격적으로 투입한 것이다.

계엄사령관 특별 담화문

다음은 1980년 5월 21일 발표된 계엄사령관 육군대장 이희성의 특별 담화문 중 일부이다. 믿거나 말거나~.

지금 광주에서 일어난 상황은 일부 불순분자들이 일으킨 폭동입니다. 법을 어기고 난동을 부리는 폭도는 소수에 불과합니다. 대다수 주민 여러분은 애국심을 가진 선량한 국민임을 잘 알고 있습니다. 시민들께서는 가능한 한 난폭한 폭도들로 인해 불의의 피해를 입지 않도록 거리에 나오지 말고 집 안에 계실 것을 권합니다.

발포, 학살의 전주곡

5월 21일 현재, 광주는 지금 이곳이 내가 살고 있는 대한민국이 맞는지 의심이 들 만큼 끔찍했다. 계엄군은 하루가 다르게 잔인해지고 있는 모습이다. 시내 곳곳에서 "내 아들을 살려내라!"며 울부짖는 아낙네의 모습을 쉽게 볼 수 있었다.

시내에서 만난 한 노인은 "일제 때 악질 순사와 6·25전쟁 때 인민군을 다 겪어 봤지만 이렇게 잔인하게 사람을 죽이는 건 난생 처음 본다."며 "저들은 사람이 아니라 악귀"라고 혀를 내둘렀다.

5월 18일부터 계엄군에 속수무책으로 당하기만 하던 광주 시민들은 계엄군이 작전 지휘부로 사용하고 있는 전라남도 도청을 탈환하기 위해 시내 중심가로 몰려들어 시위를 벌였다. 시위를 이끄는 지도부는 따로 존재하지 않았다. 계엄령을 전국으로 확대하기 이전에 주요 인사들을 잡아들인 탓도 있고, 광주 지역에서 시위를 이끌었던 전남대학교 총학생회장 박관현을 비롯한 학생 지도부가 검거를 피해 광주를 빠져나갔거나 깊이 몸을 숨겼기 때문이기도 했다.

하지만 광주 시민들은 지도부가 없어도 날마다 도청이 있는 금남로에 모여들었다. 계엄군의 잔인한 폭력 앞에 두렵기도 했지만, 바로 옆에서 어린 학생들과 시민들이 끔찍하게 죽어가는 모습을 더는 가만히 보고만 있을 수는 없었다. 어느새 도청 주변에는 대학생들과 시장 상인, 신문팔이, 구두닦이, 일용직 노동자는 말할 것도 없고 고등학생들까지 새까맣게 모여들었다.

그러자 계엄군의 폭력성은 시간이 흐를수록 더 심해졌다. 19일엔 장갑차를 몰고 시위대를 향해 돌진하는가 하면, 20일에는 시위대를 향해 화염방사기(총알 대신 불을 뿜어 사람을 태워 죽이는 무기)를 발사했다.

이에 분노한 시민들은 20일 밤, 금남로에 10여 대의 트럭과 고속 버스, 그리고 200여 대의 택시를 앞세우고 도청을 향해 돌진했다. 하지만 중무장한 군인들이 총을 쏘며 저지하는 바람에 계엄군의 저지선을 무너뜨리는 데는 실패했다.

21일 낮 열두 시경, 시위 군중은 어느새 30만 명으로 불어났다. 시민들은 도청 근처 금남로에 모여 "살인마 전두환은 물러가라!" "계엄령을 해제하고 김대중을 석방하라!" "공수부대는 광주에서 물러나라!"고 목 놓아 외쳤다. 이제 도청을 제외한 광주 시내는 온통 시위대의 물결로 출렁였다. 이어서 시위대는 "도청으로, 도청으로!"를 외치며 앞으로 나아갔다.

바로 그때 어디선가 한 발의 총성이 울리는가 싶더니, 이를 신호 삼아 계엄군의 M16 소총이 불을 뿜기 시작했다. 곧이어 시위대 앞에 서 있던 시민들이 아스팔트 바닥으로 픽픽 쓰러졌다. 마침 일 년 중 가장 자비로워야 할 부처님 오신 날, 가장 무자비한 피의 학살이 시작된 것이다.

금남로 차량 시위
고속버스를 앞세우고 200여 대의 택시들이 전조등을 켜고 차량 시위를 벌이자 시민들은 크게 고무되었다.

반격, 도청을 탈환하다

21일 오후, 계엄군의 발포로 금남로는 피바다로 변했다. 이제 더 이상 평화적으로 사태를 해결하는 건 불가능해 보였다. 시민들은 무장의 필요성을 느꼈다. 그들은 관공서 무기고를 털어 계엄군과 시가전을 벌이기 시작했다.

오후 5시경, 시민군 특공대 열한 명이 기관총 두 정을 메고 도청이 내려다보이는 전남대 병원 옥상으로 바삐 올라가는 모습이 기자의 눈에 들어왔다. 잠시 후, 병원 옥상에서 요란한 기관총 소리가 들리기 시작했다. 총알은 마치 우박처럼 도청에 있는 계엄군의 머리 위로 퍼부어 댔다.

무장한 시민군

도청 앞 광장의 시민궐기대회
도청 앞 광장은 항쟁 기간 동안 분수대를 연단으로 각종 집회가 열렸던 광주항쟁의 상징적인 장소이다.

도청 앞 계엄군이 하나 둘씩 쓰러지자, 때맞춰 금남로에서 소방차 몇 대가 시민군의 엄호를 받으며 도청을 향해 돌진했다. 마침내 계엄군의 방어선이 무너졌다.

이윽고 계엄군은 광주시 외곽과 조선대로 퇴각하기 시작했다. 광주 시민들이 계엄군을 몰아낸 것이다. 날은 어느새 어둑어둑 땅거미가 내리고 있었다. 어둠이 내려앉은 분수대 앞 광장으로 수십만 명의 광주 시민들이 모여들었다. 그들은 누가 먼저랄 것도 없이 아리랑을 부르기 시작했다.

승리, 그리고 해방 광주

계엄군이 물러난 21일 밤부터 25일까지 광주는 평온을 되찾아 가고 있었다. 시민들의 얼굴에는 승리와 해방의 기쁨이 가득했다.

학생들은 그동안 어질러진 시내 구석구석을 청소했고, 문을 닫았던 시장의 가게들은 하나 둘 문을 열었으며, 관공서도 다시 업무를 보기 시작했다.

시장 상인들은 곳곳에 솥을 걸어 놓고 밥을 지어 시민군들에게 나눠 주었다. 시내에는 총기가 수천 정 돌아다니는데도 금은방이나 은행이 털린 곳이 단 한 건도 없었다. 물건을 사재기하는 모습도 찾아볼 수 없었다. 시민들의 자발적인 참여로 부상자를 위한 헌혈도 남아도는 것으로 알려졌다.

거리에서 만난 한 시민은 "살다가 이런 모습은 처음 본다."며 "그렇게 큰 아픔과 희생을 치르고 어떻게 이렇게 시민들이 한데 어울려 기쁘게 지낼 수 있는지 의문이 들 정도"라고 말했다.

하지만 광주 시민들은 승리와 해방의 기쁨 속에서도 계엄군이 언제 또다시 쳐들어올지 모른다는 극도의 불안감과 심한 공포감에 사로잡혀 있었다.

시민군에게 주먹밥을 지어 주는 부녀자들
도청 안에서 항쟁하는 시민군을 위해 부녀자들이 자발적으로 주먹밥을 지어 나누어 주었다.

시신을 찾기 위해 몰려든 유족들
광주항쟁 당시 희생자들의 관이 전남도청 앞 상무대에 안치되어 있는 모습이다.

그래서 광주 지역의 학생 대표, 지역 유지, 종교인들로 구성된 시민수습대책위원회가 꾸려져 사태 수습에 나서기 시작했다. 수습위원회는 이번 시위 중 사망한 시신들을 모아 장례를 준비하는 한편, 이번 사태의 해결점을 찾기 위해 계엄군과 협상을 벌였다. 하지만 아직까지 이렇다 할 접점을 찾지 못하고 있는 상태였다.

시민수습대책위원회가 정부의 사과와 책임자 처벌, 그리고 사망자와 부상자에 대한 적절한 보상과 보복 금지 약속을 요구하고 있는 데 대해, 계엄군은 시민군한테 무조건 무기를 반납하고 도청에서 나오라고 요구하고 있기 때문인 것으로 알려졌다.

그러자 시민군 내에서 "더 이상의 희생을 막기 위해서라도 무기를 반납하자."는 타협파와 "계엄군이 확실한 보장을 하지 않으면 무기를 반납할 수 없다."는 강경파가 대립하는 모습을 보이고 있었다. 이런 가운데 시민군 일부는 무기를 반납하고 있었고, 반대로 더욱 강경한 입장을 가진 항쟁 지도부가 꾸려진 것으로 알려졌다.

한편, 계엄군은 시민군 측에 무기를 반납하지 않으면 며칠 내로 강경 진압에 나서겠다고 경고하고 나섰다. 도청 안 분위기는 다시 무거운 침묵이 흘렀다. 과연 그들은 무사히 도청에서 빠져나올 수 있을까.

최후 항전, 더 이상 물러날 데가 없다

26일 이른 새벽 광주 시내로 진입하려던 계엄군이 김성룡 신부를 중심으로 한 시민수습대책위원회가 죽음의 행진을 감행하는 바람에 뜻을 이루지 못했다. 그러자 항쟁 지도부에 최후통첩을 보내왔다.

"무기를 버리고 즉각 도청에서 나와라. 그렇지 않으면 강제 진압 하겠다."

김성룡 신부
광주항쟁 당시 시민수습대책위원회 대표로 활약했다.

도청 안 분위기가 싸늘하게 변했다. 항쟁 지도부는 이제 올 것이 왔다고 여기는 듯했다. 이에 따라 지도부는 남을 자와 떠날 자를 가려내기 시작했다. 고등학생 이하 어린 학생들과 여자들을 우선 내보냈다. 본인은 극구 남기를 원했지만 가족의 애원으로 눈물을 흘리며 나간 이들도 여럿 있었다.

그러고 나서 항쟁 지도부는 내외신 기자들을 상대로 마지막 기자회견을 열었다. 기자라고 해 봐야 국내 신문 방송사 중에는 나와 중앙 일간지 하나, 광주 지역 신문 하나, 그리고 미국, 일본, 독일 같은 외신 기자들 몇몇뿐이었다.

미국인 기자 하나가 질문을 던졌다.

"당신들은 왜 죽을 줄 뻔히 알면서도 남으려고 하는가."

시민군 대변인으로 활동하는 윤상원이 대답했다.

"물론 우리는 패배할 것이다. 하지만 이대로 투항하기에는 지난날의 항쟁이 너무나 장렬했다. 시민들의 숭고한 저항을 완성하기 위해서라도 누군가는 남아서 도청을 사수해야 한다."

기자회견이 끝나자 시민군 대변인은 기자에게 이제 그만 나가 달라고 했다. 남고 싶었지만 그럴 상황이 아니었다. 기자는 항쟁 지도부 몇몇과 숙연한 인사를 나누고 도청을 빠져나왔다. 도청 안에서는 마지막까지 남은 100여 명의 시민군이 각자 위치로 돌아가 최후의 전투에 임할 준비를 마쳤다.

드디어 27일 새벽 3시경. 폭풍전야의 고요함이 광주 시내를 감쌌다. 그 고요를 뚫고 애절한 여인의 목소리가 확성기를 통해 광주 전역에 울려 퍼졌다.

"광주 시민 여러분, 지금 계엄군이 쳐들어오고 있습니다. 우리를 도와주십시오. 우리는 끝까지 광주를 사수할 것입니다."

시민군도, 시민들도 아무 대답이 없었다. 그저 계엄군의 탱크 소리만이 짙은 어둠을 뚫고 도청 쪽으로 다가오고 있을 뿐이었다.

그림/김소희

도청에서 끌려나오는 사람들.

새벽 4시 10분, 마침내 계엄군이 도청을 향해 일제히 사격을 시작했다. 곧이어 시민군의 반격과 터져 나오는 비명 소리가 한데 뒤엉켰다. 이윽고 시민군은 계엄군에 무참히 진압되고 말았다. 살아남은 시민군은 마치 굴비 엮듯 엮여서 도청 밖으로 개처럼 질질 끌려나왔다. 그렇게 열흘 동안 광주를 뒤흔들었던 민중 항쟁의 대서사시는 안타깝게 막을 내리고 말았다.

광주항쟁이 끝나고 난 뒤

광주 학살극이 벌어지고 몇 달이 지난 그해 9월, 학살의 원흉 전두환은 대한민국 대통령에 취임했다. 그는 15년의 세월이 흐른 뒤인 1995년 제14대 대통령 김영삼 정부의 '역사 바로 세우기 운동'에 의거해 5·17쿠데타와 광주 학살의 책임을 물어 구속 기소되어 1996년 사형선고를 받았으나, 제15대 대통령 선거 직후인 1997년 12월 22일 국민 대화합을 명분으로 특별사면되었다.

광주항쟁은 그전까지 민주화 운동 세력이 미처 생각지 못했던 중요한 사실을 일깨워 주었다. 그것은 바로 광주 학살 때 미국은 과연 무얼 하고 있었는가, 하는 것이었다. 대학생들은 미국이 전시작전권을 가지고 있음에도 광주에 공수부대가 출동하는 걸 제지하지 않았고, 또한 폭력적인 진압을 묵인했다고 주장했다. 이에 분노한 학생들은 1980년 광주, 1982년 부산, 그리고 1985년 서울의 미국문화원을 차례로 점거 농성하며 광주 학살에 대한 미국의 책임을 물었다.

이렇듯 5·18광주항쟁은 1980년대 민주화 운동의 초석이 되었으며, 전두환 군사 독재 정권과 맞서 싸우는 저항의 불씨가 되었다. 그리고 그 불씨는 마침내 1987년 6월항쟁으로 피어올랐다. Ⓗ

광주항쟁, 유네스코 세계기록유산에 등재

5·18광주민중항쟁은 세계 여러 나라 민주화 운동에도 큰 영향을 미쳤다. 노벨평화상 수상자이자 미얀마 민주화 운동의 상징인 아웅 산 수 치는 "1980년 광주민주화운동은 아시아 민주주의 발전에 지대한 영향을 미쳤다."고 평가했다. 이에 2011년 유네스코는 5·18광주민중항쟁이 대한민국의 민주화뿐만 아니라, 동아시아 국가들이 민주화를 이루는 데도 큰 영향을 끼쳤다며 광주항쟁기록을 세계기록유산에 등재했다.

광주항쟁을 이끈 3인방

폭풍우처럼 휘몰아쳤던 광주항쟁이 열흘 만에 막을 내렸다. 광주는 피비린내가 진동했고, 그렇게 철저히 짓밟힌 채 역사 속으로 사라지는 듯했다. 광주는 언뜻 패배한 것처럼 보인다. 하지만 역사는 광주를 패배로 부르지 않는다. 시민군 대변인 윤상원, 광주의 민주화 운동을 이끌었던 박관현, 그리고 거리에서 애절한 목소리로 계엄군의 만행을 시민들에게 알렸던 전옥주 같은 인물들이 있었기에…….

윤상원

최후의 항전을 이끈 시민군 대변인

광주항쟁이 막바지에 이르렀던 5월 26일. 도청을 점령하고 있던 시민군은 무기를 버리고 항복하라는 계엄군의 최후통첩 통지서를 받아들고 고민에 빠졌다. 무기를 버리고 사느냐, 최후의 1인까지 싸우다 죽느냐. 그것은 마치 병자호란 때 청나라 군대에 포위당한 채 항복이냐, 항전이냐를 놓고 갈등을 빚은 주화파와 척화파의 모습과 흡사했다.

사느냐 죽느냐의 절박한 순간, 한 청년이 시민군 앞에 나섰다. "여기서 항복하면 역사 앞에 엄청난 죄인이 되는 것이다. 역사 앞에 부끄럼 없이 서기 위해 누군가는 도청에 남아 목숨을 걸어야 한다." 그 청년의 이름은 윤상원. 광주항쟁을 이끌던 시민군 대변인이었다.

윤상원은 대학 졸업 후 서울에 있는 은행 시험에 합격한 엘리트였다. 월급 많이 받는 직장인으로 편히 살 수도 있었지만, 그는 노동 운동을 하기 위해 은행을 그만두고 고향인 광주로 내려왔다. 광주에 내려온 그는 들불야학에서 학생들을 가르치며 노동 운동을 시작했다. 그러다 광주항쟁이 일어나면서 시민군 대변인으로 역사의 한가운데 서게 된다.

5월 27일 새벽, 도청 안으로 소나기 퍼붓듯 총알이 날아들었다. 계엄군의 그 위력 앞에 시민군은 맥없이 쓰러졌다. 마지막까지 항전하던 윤상원도 그 자리에서 숨졌다. 하지만 그는 죽음으로써 역사 앞에 다시 살아났고, 패배로 기록될 뻔했던 역사를 승리로 만들었다. Ⓗ

|역사 그 후|
영혼결혼식에서 울려 퍼진 〈임을 위한 행진곡〉

1982년 2월 광주 망월동 묘역에서 때 아닌 결혼식이 열렸다. 신부는 노동 운동과 야학 활동을 하다가 1979년 세상을 떠난 박기순. 신랑은 광주항쟁 때 전사한 윤상원이었다. 광주항쟁에서 살아남은 사람들은 두 사람의 영혼을 불러내 살아생전 맺지 못했던 부부의 인연을 맺어 주었다. 그날 영혼결혼식에서 윤상원을 기리는 노래 〈임을 위한 행진곡〉이 처음 불려졌다.

윤상원과 박기순이 합장돼 있는 망월동 묘지

박관현

영원한 광주의 아들

광주항쟁이 일어나기 하루 전인 5월 17일 오후. 전남대학교 총학생회실로 다급한 전화 한 통이 걸려 왔다. "서울 지역의 대학교 학생회 간부들이 계엄당국에 끌려갔으니 어서 몸을 피하라!"는 내용이었다.

전화를 받은 박관현은 일단 몸을 피했다. 전남대학교 총학생회장인 그는 서울을 비롯한 거의 모든 지역에서 시위가 수그러들었을 때도 학생들을 이끌고 민주화 시위를 꿋꿋이 벌이고 있던 터였다. 그날 밤 박관현은 대학 선배인 윤상원을 찾아갔다. "저는 광주에 남겠어요. 남아서 학생과 시민들과 함께할 겁니다." 그러자 윤상원이 타일렀다. "너는 계엄군이 눈에 불을 켜고 표적으로 삼는 사람이다. 절대 체포돼서는 안 된다. 광주 시민들이 널 필요로 할 때, 그때 나서야 한다."

박관현은 하는 수 없이 광주를 빠져나갔다. 그가 숨어 있는 동안 수많은 광주 시민들이 계엄군의 총칼 앞에 쓰러졌다. 살아남은 박관현은 외려 죽음보다 더한 괴로움에 휩싸였다. 그렇게 2년의 시간이 흐른 1982년 어느 날, 박관현은 끝내 체포돼 모진 고문을 받았다. 그는 광주 '사태'를 배후조종한 혐의로 10년을 구형받고 광주교도소에 수감됐다.

박관현은 옥중에서조차 군부 독재 정권에 대한 저항을 멈추지 않았다. 재소자들의 인권과 처우를 개선하라는 요구를 내걸고 무려 50일간 옥중 단식투쟁을 벌이기도 했다. 그러자 그를 공기도 제대로 통하지 않는 징벌방에 가두어 버렸고, 그 일이 있은 지 얼마 뒤 박관현은 갑자기 세상을 떠나고 말았다. Ⓗ

| 역사 그 후 |

오월 광주의 아들로 되살아나다

1982년 10월, 기나긴 단식투쟁 끝에 박관현이 사망하자 광주에서는 광주항쟁 이후 처음으로 가장 큰 규모의 시위가 일어났다. 학생과 시민들은 박관현 사망에 대한 진상 규명을 요구하며 시위를 벌였다. 그렇게 박관현은 광주 시민들의 가슴속에 '광주의 아들'로 오롯이 되살아났다.

전남대 총학생회장 시절의 박관현

마지막까지 광주의 참상을 알린

전옥주

무용학원 강사였던 전옥주는 5월 20일 밤, 계엄군이 학생들의 머리를 군홧발로 무참히 짓밟는 것을 보고 자기 머리가 깨지는 듯한 충격과 분노를 느꼈다. 그녀는 무엇보다 이 사실을 많은 광주 시민들에게 알려야겠다는 생각이 들었다. 하지만 어떡해야 할지 방법을 몰라 애만 태우고 있었다.

바로 그때 시위대가 동사무소에서 앰프와 스피커를 가져오자, 전옥주는 자진해서 마이크를 집어 들었다. 그러고는 도청을 향해 걸으면서 거리 방송을 시작했다. "광주 시민 여러분! 지금 계엄군이 학생들을 무참히 짓밟고 있습니다. 우리는 싸워야 합니다. 싸워서 광주를 지켜야 합니다." 그날 밤부터는 소형 트럭을 타고 새벽까지 광주 시내를 누비며 거리 방송을 했다.

광주항쟁 기간 동안 MBC와 KBS 같은 공중파는 제구실을 전혀 하지 못했다. 죄 없는 광주 시민들이 밟히고 찔리고 죽어 나가는데도, 불순분자니 폭도니 하며 계엄군의 발표를 앵무새처럼 되뇌고 있었다. 이럴 때 나서서 광주의 참상을 알린 전옥주의 육성은 거의 유일한 방송이었다.

계엄군이 도청을 진압하기 직전인 27일 새벽에도 전옥주는 애절한 목소리로 마지막 방송을 내보내고 있었다. "광주 시민 여러분, 지금 계엄군이 쳐들어오고 있습니다. 우리 동생들이 죽어가고 있습니다. 우리 스스로 광주를 수호합시다. 도청으로, 도청으로!"

곧이어 그녀의 목소리는 천둥처럼 울려 대는 계엄군의 총성에 묻히고 말았다. Ⓗ

| 역사 그 후 |

영화 〈화려한 휴가〉의 실제 모델
'광주의 입'이었던 전옥주는 광주항쟁이 끝난 뒤 계엄 당국에 끌려가 여자로서는 차마 견디기 힘든 구타와 고문을 당했다. 군사 재판을 받고 수감됐던 그녀는 감옥에서 나온 뒤 한동안 세상에서 잊혀졌다. 그러다가 광주항쟁 27년 만인 2007년 다시 세상에 모습을 드러냈다. 광주항쟁을 소재로 한 영화 〈화려한 휴가〉에서 여주인공 신애의 실제 모델이 되어 나타난 것이다.

영화 〈화려한 휴가〉 포스터

심층취재

6월항쟁의 불길이 타오르다

1987년 1월 14일, 서울대생 박종철 고문치사 사건은 마치 1960년 4월 11일 경찰이 쏜 최루탄에 맞아 숨진 김주열 시신 발견 때처럼 전 국민의 공분을 샀다. 이때부터 민주화 운동은 또다시 거세게 불타올랐고, 마침내 그해 6월 군사 독재에 맞서 전 국민 저항 운동이 일어났다.

6월 민주 대항쟁의 시작

1987년 6월 10일 오후 6시

"땡, 땡, 땡……."

오후 6시, 시청 앞 대한성공회 성당의 종소리가 초여름 저녁 하늘 위로 맑게 울려 퍼졌다. 종소리를 신호로 성당 구내 차량들이 경적을 울렸고, 여기에 맞추어 기다렸다는 듯이 거리의 차량들도 함께 경적을 울렸다. 드디어 '박종철 군 고문치사 조작·은폐 규탄 및 호헌철폐 국민대회'를 알리는 6·10 총궐기가 시작된 것이다.

곧이어 종로와 남대문, 을지로, 서울역 일대의 사람들이 다 함께 애국가를 부르기 시작했다. 애국가가 끝나자마자 사람들이 너도나도 차도로 뛰어들며 구호를 외쳤다.

"호헌 철폐! 독재 타도!"

시위를 벌이던 대학생들은 신세계백화점 앞 광장을 점거해 퇴계로 일대의 교통을 마비시켰다. 시민들은 버스 안에서 손수건을 흔들고 박수를 치거나 함께 구호를 외쳤다. 주변에 있던 시민들이 합세하면서 시위대는 어느새 종로, 을지로, 남대문, 서울역 일대를 새까맣게 뒤덮었다. 진압에 나선 전투경찰들이 도로의 시작과 끝을 막고 시위대를 압박해 보려 했지만 도저히 역부족이었다.

일차 해산에 실패한 전경들이 최루탄을 있는 대로 마구 쏘아 댔다. 빌딩으로 둘러싸인 서울 도심이 매캐한 최루탄 연기로 가득 찼다. 최루탄을 쏠 때마다 시위대는 눈물 콧물을 뚝뚝 흘리며 주변 골목으로 흩어졌다가 좀 가라앉았다 싶으면 다시 도로로 나오기를 반복했다.

시위대 선두에 선 학생들이 최루탄과 백골단(시위를 진압하는 사복 경찰을 속되게 이르는 말)의 곤봉 세례에 맞서 보도블록을 깨 그들을 향해 던지기 시작했다. 거리는 어느새 깨진 보도블록 조각들로 어지럽혀 있었다. 학생들이 백골단에 쫓기고 얻어맞는 모습을 보고 주변에 있던 시민들도 시위에 적극 동참했다. 게다가 시장 상인들은 쫓겨 온 학생들에게 물과 먹을거리를 나눠 주거나, 가게 안에 숨겨 셔터를 내리기도 했다.

얼마 전 5월 27일 각계 인사로 발족한 민주헌법쟁취 국민운동본부(이하 국민운동본부)가 주최한 이날 시위에는 전국 22개 도시에서 약 24만 명이 참가했다. 경찰은 전국에서 4천여 명을 연행했고, 국민운동본부 간부를 포함해 220명을 구속했다. 지난 7년 동안 전두환 군사 정권의 공포 정치에 숨죽여 살던 국민들이 어떻게 해서 이처럼 분연히 떨쳐 일어난 것일까.

6월 10일, 또 다른 곳에선

6월 10일, 같은 날 또 다른 장소인 잠실 체육관에서는 집권 여당인 민정당의 대통령 후보를 지명하는 행사가 열리고 있었다. 전두환은 이 자리에서 5·17쿠데타를 함께 주도했던 노태우를 자기의 후계자로 삼으려 했다. 이 행사가 있기 두 달여 전에 전두환은 군사 독재를 연장할 목적으로 '4·13호헌조치'를 발표했다. 이는 박정희 때부터 내려오던 방식대로 체육관에서 간접 선거로 대통령을 선출하겠다는 것이었다. 하지만 국민들은 직접 선거를 통해 자기 손으로 대통령을 선출하고 싶어 했다. 국민운동본부는 이런 여러 가지 상황을 고려하여 이날을 디-데이로 잡았다.

항쟁의 도화선이 된 박종철의 죽음

6월항쟁의 불꽃이 타오른 건 한 대학생의 죽음이었다. 서울대생인 박종철은 1987년 1월 초 경찰에 끌려가 조사를 받았다. 경찰은 박종철에게 수배 중인 같은 과 선배가 있는 곳을 대라고 윽박질렀다. 박종철이 모른다고 버티자 경찰은 박종철의 손발을 묶고 물이 가득한 욕조에 머리를 처박았다. 그렇게 물고문이 이어지던 중 박종철이 숨을 거두고 말았다.

조사를 받던 대학생이 고문을 당해 죽었다는 건 정권에 치명타가 될 수 있는 엄청난 사건이었다. 경찰은 처음에 이 사건을 다음과 같이 조작 발표했다.

"조사를 받던 중 책상을 탁 치니까, 억 하고 죽었다."

하지만 한 신문의 쇼크사 보도에 이어 일부 언론에서 사실을 추궁하고, 경찰 협박을 뿌리치고 한 법의학자가 질식사로 소견을 밝히자, 당국은 물고문으로 인한 사망을 인정하지 않을 수 없었다. 결국 고문치사를 한 경관은 구속되기에 이르렀다.

박종철의 죽음에 대한 진상 규명 요구는 대규모 집회로 이어졌다. 재야단체와 야권이 결성한 '고 박종철 군 국민추도회준비위원회'가 주최한 2월 7일 추도식 집회와 대학생들이 개학해 대거 동참한 3월 3일의 '고문추방 민주화국민평화대행진'에 경찰 전체 병력의 반이 넘는 6~7만 명이 동원되었다. 그 후 전국 각 도시에서 산발적인 집회와 시위가 있었는데, 주변에 있던 시민들이 전에 없이 호응을 보내왔다. 거리에서 경찰에 대한 비난이나 항의 같은 형태로 시민들이 차츰 시위에 참여하기 시작한 것은 중요한 변화였다.

이 같은 정세를 오판한 전두환은 4월 13일 개헌 논의를 일체 금지하고, 현행 헌법으로 대통령 선거를 하겠다는 '4·13호헌조치'를 발표했다. 그러자 대한변협·개신교·민통련 같은 데서 호헌 반대

선언을 하고, 정의구현사제단과 천주교 신자들이 단식투쟁에 들어갔다. 뒤를 이어 각 대학교수, 문학인, 변호사, 교사, 대학원생, 의사, 약사, 한의사, 간호사, 영화인, 미술인, 대중연예인 등 각계에서 4·13호헌조치 반대 성명서가 나오고, 기자들도 자유언론쟁취 운동을 벌였다. 그러니까 결국 4·13호헌조치가 범국민적인 개헌 운동, 곧 민주화 운동을 촉발시킨 셈이다.

박종철 고문치사 항의 시위
고려대 교문 앞에서 학생들이 박종철 아버지가 아들의 죽음 앞에 한 말이 적힌 플래카드를 앞세우고 시위를 하고 있다.

6월항쟁의 길목에 또 하나의 놀라운 일이 터졌다. 재야운동가 이부영이 감옥에서 박종철 고문치사 사건으로 구속된 경찰한테서 고문치사 사건 범인이 조작되었음을 듣고 바깥에 알렸으나, 워낙 중대한 사안이다 보니 발표를 꺼리고 있었다. 그런데 5월 18일 정의구현사제단의 김승훈 신부가 범인이 조작되었음을 밝혔다.

사태가 걷잡을 수 없이 흘러가자, 정부는 경찰 총책임자인 치안감을 구속하고, 국무총리를 비롯해 대대적인 개각을 단행했다.(5·26개각) 하지만 이미 때는 늦었다. 5월 27일 야당이 포함된 각계 인사는 서울에 있는 향린교회에 모여 국민운동본부를 발족하고, '박종철 군 고문살인조작 범국민규탄대회'를 열기로 했다. 그날이 바로 6월 10일이었던 것이다.

6월항쟁의 발단과 전개 과정

1987년 1월	4월 13일~5월 18일	6월 10일~6월 26일	6월 29일
★박종철 군 경찰 조사 받던 중 고문으로 사망. ★경찰, 책상을 탁 치니까, 억 하고 죽었다고 발표.	★전두환, 4·13호헌조치 발표. ★박종철 고문치사 사건 은폐, 조작 사실 폭로.	★연세대생 이한열 최루탄 맞아 중퇴. ★전국적인 정권 퇴진 운동 전개.	★노태우, 직선제 수용 6·29선언 발표. ★항쟁의 불꽃 사그라짐.
6월항쟁의 도화선이 됨.	6월항쟁에 불을 지핌.	전두환 정권 위기감 고조됨.	20일간의 민주화 대장정이 막을 내림.

박종철의 고향 부산에서

명동성당 농성
명동 일대의 직장인들인 이른바 넥타이부대가 퇴근 후 시위에 가세하면서 명동성당 농성에 큰 힘이 돼 주었다.

【부산】 6월 10일에 시작된 시위는 밤낮없이 이어졌다. 서울 명동성당에서는 시위를 마친 대학생들이 농성을 하며 항쟁의 불씨를 이어 갔다. 기말시험을 앞둔 대학생들은 시험을 거부하고 연일 거리로 나섰다. 6월 9일 시위를 하던 연세대생 이한열이 최루탄에 맞아 중태에 빠졌다는 소식이 전해지자 전두환 정권에 대한 분노가 걷잡을 수 없이 커졌다.

퇴근한 직장인들도 시위에 가세했다. 언론에서는 이들을 넥타이부대라고 불렀다. 경찰은 시위대가 끊임없이 불어나자 더 많은 최루탄을 발사해 막아 보려 했다. 하지만 아무런 소용이 없었다.

서울뿐만이 아니었다. 제주도를 포함한 전국에서 들고 일어나 호헌조치를 철폐하고 대통령 선거를 직선제로 바꾸라고 요구했다. 6월항쟁 기간 중 가장 큰 시위가 부산에서 터져 나왔다.

6월 18일, 국민운동본부는 이날을 최루탄 추방의 날로 정하고 제2차 국민대회를 열었다. 이날 부산에서 전국 최대 시위가 벌어졌다. 부산은 이번 6월항쟁의 도화선이 된 박종철의 고향이었다. 부산 시민들은 박종철의 죽음에 어느 곳보다 분노하고 있었다.

18일 오후, 부산의 중심가인 서면로터리에 30만여 명이 모여들었다. 시위대는 부산 시청과 남포동 방향으로 행진을 벌이며 "박종철을 살려 내라!" "독재정권 타도하자!"고 소리 높여 외쳤다. 남포동에서 만난 한 30대 시민은 흥분한 얼굴로 말했다.

"여기가 어딘교? 부산 아입니까. 부산 시민이 일어나면 정권이 바뀝니데이. 박통(박정희 대통령)도 결국 1979년 부마항쟁 때문에 그렇게 된 거 아인교."

부산 서면 일대의 대규모 시위

과연 부산은 박정희 정권을 무너뜨린 위세를 이번 6월항쟁에서도 유감없이 보여 주고 있다. 6월 10일 이후 항쟁의 중심이 서울에서 부산으로 옮겨온 듯하다. 부산 항쟁의 중심에는 국민운동본부 상임집행 위원장인 노무현이 있었다. 부산 지역 인권변호사인 그는 부산에서 6월항쟁을 이끌며 시민들로부터 부산 항쟁의 야전 사령관으로 불리고 있다고 한다. 거리에서 만난 노무현 변호사는 "26일 있을 국민평화대행진 때 모든 부산 시민들의 힘을 모아 반드시 독재정권을 끝장내겠다."고 힘주어 말했다.

부산 6월항쟁의 야전 사령관 노무현
부산의 인권변호사 노무현이 "군부독재 타도하자"라고 적힌 플래카드를 앞세우고 시위를 주도하고 있다. '부' 자 뒤가 노무현.

이 한 장의 사진

전두환 정권의 종말을 가져온 6월항쟁 중의 사진으로, 1987년 6월 26일 부산 문현로터리에서 열린 '평화대행진' 도중 이름이 알려지지 않은 한 시민이 상의를 벗은 채 "최루탄을 쏘지 마라!"고 외치며 시위대 앞으로 달려 나왔다. 이 장면은 당시 《한국일보》 사진기자였고, 현재 《뉴시스》 사진영상 국장으로 몸담고 있는 고명진 기자의 카메라에 포착되었다. 6월항쟁을 이야기할 때마다 등장하는 이 사진은 지난 1999년 AP(Associated Press)에 의해 '20세기 100대 사진'에 선정되었다. 제목은 '아! 나의 조국'.

아! 나의 조국

이한열의 고향 광주에서도

광주 시내를 가득 메운 차량과 시민들

【광주】민주화의 성지 부산에 이어 5·18항쟁의 도시 광주에서도 6월항쟁의 불꽃은 화려하게 피어올랐다. 6월 10일 이후 광주에서는 연일 수십만 시민이 금남로 일대와 도청 분수대 로터리를 중심으로 모여 집회를 열고 있다. 더욱이 이한열이 중태에 빠졌다는 소식이 알려지자 광주 시민들은 광주의 아들 한열이를 살려 내라며 거세게 저항하고 있다.

국민평화대행진이 열린 6월 26일 집회에는 30만 명이 넘는 광주 시민들이 참가해 5·18항쟁 이후 가장 큰 규모의 집회를 열었다. 특히 눈에 띄는 건 광주 지역의 고등학생들과 신부와 수녀들도 시위에 참가해 아스팔트 바닥에 앉아 의연히 자리를 지키며 시위를 벌였다.

이날 시위에서는 전두환 군사 정권이 또다시 군대를 동원해 무력 진압에 나설지 모른다는 우려가 있었지만 어느 누구도 이를 두려워하거나 동요하는 모습을 찾아볼 수 없었다. 7년 전 외롭게 전두환 일당과 싸웠던 광주 시민들은 이제 광주뿐 아니라 전국에서 1백만 명이 넘는 국민들이 함께 싸운다는 데서 큰 힘을 얻고 있는 것 같았다.

이날 벌어진 국민평화대행진에는 전국 34개 도시에서 150만여 명의 시민들이 참가한 것으로 집계됐으며, 일제강점기 때 일어났던 3·1운동 이후 최대 인원이 참가한 것으로 파악됐다. 과연 전 국민의 저항에 직면한 전두환 정권이 7년 전 광주에서처럼 군대를 동원해 무력으로 진압에 나설지, 항복을 할지 귀추가 주목된다.

광주 금남로의 이한열 운구 행렬

기습적인 6·29선언

노태우의 6·29선언
마침내 1987년 6월 29일, 집권 여당의 대통령 후보 노태우가 국민의 요구를 받아들여 직선제 개헌을 하겠다고 발표했다.

6월 29일, 전두환 정권은 마침내 국민들의 요구를 수용하겠다고 발표했다. 집권 여당의 대통령 후보인 노태우는 "국민들이 원하는 대통령 직선제를 수용하고, 김대중을 사면·복권하며, 양심수를 석방하고, 언론 자유를 보장하겠다."는 성명서를 발표했다.

엊그제까지 정권 타도 투쟁에 나섰던 국민들은 노태우의 기습적인 항복 선언에 기뻐하면서도 적이 당황스러웠다. 6·29선언을 텔레비전으로 시청했다는 국민운동본부의 한 관계자는 "군부 정권이 직선제 요구를 수용한 건 환영할 일이지만, 이렇게 급작스럽게 항복 선언을 할 줄은 몰랐다."며 당혹감을 감추지 못했다. 그는 또 "4·19혁명 때처럼 대통령을 하야시켰어야 하는 데 그러지를 못한 것이 못내 안타깝다."고 말했다.

6·29선언이 발표되자 그동안 뜨겁게 타올랐던 6월항쟁의 불꽃이 한순간에 사그라졌다. 그와 동시에 선언을 발표한 '전두환 2.0' 버전의 노태우가 민주주의 수호자인 양 떠올랐다. 뭔가 이상하게 돌아가는 느낌이다. Ⓗ

6월항쟁 이후

전두환이 기획한 것으로 알려진 6·29선언은 한 편의 꼼수였다. 전두환은 직선제를 수용하면서 김대중을 복권시켜 줘 야권의 분열을 노렸다. 그들의 예상대로 그해 12월 치러진 대통령 선거에서 김대중과 김영삼은 후보 단일화를 요구하는 국민들의 열망을 끝내 외면한 채 따로따로 대통령 후보로 나섰다. 그 결과 전두환의 후계자인 노태우에게 어부지리 당선을 안겨 주고 말았다. 6·29선언은 바로 이 점을 노린 저들의 꼼수였는데, 김대중과 김영삼 두 정치 지도자의 권력 욕심 때문에 버젓이 알면서도 당하고 만 것이다.

1987년 대통령 선거 포스터
시민들은 단일화가 좌절된 이 대통령 선거 포스터를 보면서 어떤 생각이 들었을까?

> 강원도 어느 작은 도시에서 6월항쟁에 참여한 고3 수험생의 일기를 입수했다. 일기에는 민주화 시위에 얼떨결에 참여한 수험생이 느꼈던 흥분과 대입 준비에 대한 걱정 등이 생생하게 담겨 있다.

1987년 6월 ○○일 무지 더움

6월항쟁의 거리에서

점심을 먹고 벤치에 앉아 있는데 무열이가 나를 보더니 달려왔다. 무열이는 나한테 학력고사(수능시험) 준비는 잘 돼 가냐고 물었다. 나는 속으로 '잘 되긴, 모의고사 성적이 안 나와 죽을 맛이다, 이놈아.'라고 말했다. 나는 모의고사 이야기는 접어 두고 어젯밤 시내에서 겪은 이야기를 들려주었다.

어젯밤 학교를 마치고 집으로 가는데, 중앙시장 사거리에서 차도를 점거하고 시위를 하는 사람들이 보였다. 사람들은 오른손을 시계 10분 방향으로 뻗으며 "독재타도!"라고 외치기도 하고, 아스팔트 바닥에 앉아 "전두환은 물러가라 훌라훌라, 전두환은 물러가라 훌라훌라……."라는 노래를 불렀다.

그 노래에 이끌려 나도 모르게 시위대 쪽으로 다가갔다. 그러고는 어느새 시위대를 따라 나도 구호를 외쳤다. 그것은 딱 한마디로 잘라 말할 수 없는 신기한 경험이었다. 수천 명이 한목소리로 소리 높여 구호를 외치니까 내가 마치 딴 세상에 와 있는 것만 같았다. 하지만 잠시 뒤, 외계인 복장을 한 전경들이 구령에 맞춰 떼 지어 한 발 한 발 다가오더니, 일제히 시위대를 향해 '빠바바방' 하고 최루탄을 쏘기 시작했다.

그러자 일대가 순식간에 앞을 가늠하기 힘들 만큼 자욱한 연기로 휩싸였다. 게다가 너무 매워 도저히 눈을 뜰 수조차 없었다. 사람들은 비명을 지르며 옆 골목으로 달아났고, 나도 얼떨결에 뒤따라갔다. 뛰다 보니 눈물 콧물에 숨까지 막혀 아주 그냥 죽을 지경이었다. '이게 바로 말로만 듣던 최루탄이구나.' 하고 생각하며, 나는 다시는 시위대에 끼지 말아야겠다고 다짐했다.

무열이가 내 얘기를 다 듣고 나더니, 내일 자기랑 같이 시위하는 데 가자고 부추겼다. 나는 "가긴 어딜 가? 모의고사가 2주도 안 남았는데. 가려면 너나 가라."고 딱 잘라 말했다.

1987년 6월 00일 날씨 계속 더움

무열이가 경찰에 끌려간 날

어제 그렇게 최루탄 맞고 눈물 콧물 막 쏟을 때 다시는 시위하는 데 가지 말아야지 다짐했는데, 오늘 또 무열이랑 학교 끝나고 시내로 나갔다. 모의고사가 얼마 안 남아 걱정이 되면서도, 이상하게 발걸음이 자꾸 그쪽으로 끌려 어쩔 수가 없었다.

무엇보다 차도를 마음껏 뛰어다니는 기분이 왠지 야릇하고 좋았다. 마치 해방감을 만끽하는 기분이랄까? 오늘도 어김없이 최루탄이 터졌다. 나는 어제 형들한테서 보고 배운 대로 마스크를 쓰고 눈 밑에 치약을 발랐더니 어제보단 좀 나은 것 같았다. 골목으로 흩어졌던 사람들이 잠시 뒤 다시 차도로 몰려들었다. 사람들은 손뼉을 치며 노래를 불렀다.

"어서 모여 함께 하나가 되자. 어서 모여 함께 하나가 되자. 물가 심은 버드나무 같이 흔들리지 않게!"

노래를 따라 부르면 알 수 없는 이상한 힘이 생기는 것 같았다. 최루탄도 안 겁나고, 모의고사 걱정도 사라지고, 오로지 저 전두환 독재정권을 타도해야 한다는 불타는 정의감이 불끈 솟아나는 듯했다.

무열이는 아예 시위대 맨 앞에서 시위를 했다. 더 놀라운 건 대학생 형들처럼 전경들을 향해 깨진 보도블록을 던지기까지 했다. 그러다가 최루탄을 발사하며 갑자기 달려든 전경한테 붙잡히고 말았다. 나는 순간 어떡해야 할지 몰라 주뼛거렸다.

그러다 결국 나는 도망치고 말았다. 친구를 버린 의리 없는 놈이 된 것이다. 잠자리에서도 무열이 걱정에 코앞으로 다가온 모의고사 걱정에 뜬눈으로 지새우다시피 했다.

1987년 6월 00일 날씨 계속 무더움

역사의 현장에 함께하다

무열이가 끌려간 다음 날 학교에 갔더니 무열이가 얼굴이 까지고 멍이 들어 있었다. 어떻게 된 거냐고 물었더니, 경찰서에 끌려가 몇 대 맞았지 뭐, 이런다. 어찌나 미안하던지. 하지만 강철은 두드릴수록 더 강해진다고 하지 않았던가. 무열이랑 나는 어떤 두려움에도 굴하지 않고 군사 독재 정권을 타도하기 위해 거의 매일 밤 시내로 나갔다.

엄마가 데모하는 근처에는 얼씬도 하지 말라고 하셔서 근처에는 안 가고 시위대 한가운데서 데모를 했다. 담임선생님은 아큐(중국의 대문호 노신의 소설 속 주인공. 부화뇌동하며 날뛰는 캐릭터)처럼 뭣도 모르고 날뛰지 말고 고3 수험생답게 내일 모레 있을 모의고사 준비나 잘하라고 하셨다. 그래서 왜 사람들이 데모를 하는지, 박종철은 어떻게 죽었고, 또 이한열은 어떡하다 사경을 헤매고 있는지, 그리고 독재는 왜 나쁜지 시위 현장에서 열심히 공부했다.

6월 내내 낮에는 학교에서 공부하고 저녁때는 시내에서 데모하는 주경야데 생활을 했다. 그런데 어제를 고비로 데모가 수그러들었다. 전두환 정권이 6·29 항복 선언을 해서 이젠 데모를 하지 않아도 됐기 때문이란다. 나도 전두환의 항복 선언에 조금이나마 한 몫을 한 거 같아 왠지 뿌듯했다. 하지만 열심히 시위 현장을 쫓아다닌 덕에 6월 말 모의고사는 쫄딱 망쳤다. 이러다 전두환 때문에 가고 싶은 대학에 못 가면 어떡하지? 그때 전두환 집 앞에서 1인 시위라도 해야 하나~

1987년 12월 00일 날씨 눈

12월 대통령 선거 날

오늘은 대통령 선거가 있는 날이다. 그래서 학교에 안 가고 시내 도서관에서 공부했다. 대학 입학 학력고사도 이제 얼마 안 남았다. 생각해 보면 올 한 해 무지 힘들었다. 지난 6월 내내 시위대 쫓아다니느라 시간을 까먹는 바람에 그거 만회하느라 엄청 고생했다. 다행히 성적이 살짝 오르긴 했지만 그래도 아직 안심하긴 한참 멀었다.

공부하다가 잠깐 짬을 내 무열이랑 자판기에서 커피를 뽑아 도서관 옥상에 올라갔다. 흰 눈이 소리 없이 내리고 있었다. 무열이는 내리는 눈을 지그시 바라보며 한숨을 내쉬었다. 모의고사 성적이 안 좋아서 그러냐고 물었더니, 그게 아니라 오늘 선거에서 노태우가 당선될 것 같아서 그런다고 했다.

하긴 지난 6월 국민들이 그렇게 고생고생해 가며 독재 정권과 싸워서 6·29 항복 선언을 받아 냈건만, 김대중과 김영삼 두 야당 지도자가 단일화에 실패하는 바람에 노태우가 어부지리하게 생겼으니 그럴 만도 했다. 무열이는 노태우가 당선되면 대학에 안 갈 생각이라고 했다. 그래서 내가 까불지 말고 일단 대학 가서 더 열심히 민주화 운동을 하라고 타일렀다.

아니나 다를까. 밤 열두 시쯤 되자 노태우가 당선이 확실시된다는 방송이 흘러 나왔다. 물론 예상은 했지만 실망감을 감출 수는 없었다. 이런 걸 죽 쒀서 개 준다고 하던가. 아니면 재주는 곰이 넘고 돈은 되놈(중국 사람을 낮잡아 이르는 말)이 챙긴다지 아마? 어쨌든 지금은 내 코가 석 자니 나라 걱정은 대학 가서 하기로 하고, 우선은 대입 학력고사에 집중해야겠다. 빠샤!

시사 콕 콕

들불처럼 번진 노동자 대투쟁

6월항쟁은 정치의 민주화뿐만 아니라 사회 전반의 민주화를 촉진시켰다. 그 본보기로 오랜 세월 제 목소리를 내지 못했던 노동자들이 1987년 7~9월에 걸쳐 전국 사업장에서 들불처럼 일어난 것이다. 이에 시사 전문 이 기자가 노동자 대투쟁의 배경과 특징, 그리고 결과를 심층 분석 했다.

6월항쟁의 열기, 노동 현장으로

울산 지역의 노동자 파업 투쟁

독자들이 무지 궁금해하는 이슈를 콕콕 짚어 주는 시사콕콕 시간입니다. 오늘은 최근 한국 사회를 뒤흔들고 있든 노동 운동에 대해 알아보겠습니다.

6월항쟁이 끝나고 사람들은 다시 일상으로 돌아갔습니다. 바라던 대통령 직선제를 얻어 내기도 했고, 6·29선언으로 김이 빠진 탓도 있었죠. 그런데 6월항쟁의 불꽃이 사그라지지 않고 외려 더 크게 번진 곳이 있습니다. 바로 노동자들이 일하는 사업장이었지요. 이른바 1987년 노동자 대투쟁인데요, 그중에서도 가장 대표적인 투쟁이 8월 18일 울산에서 있었던 노동자 집회입니다.

울산 현대 노동자의 시가행진
1987년 8월 18일 울산 동구 현대중공업 운동장에 모인 4만여 명의 현대그룹 노동자들이 남목고개를 넘어 시내로 진출하는 광경이다. 이 8·18대행진은 87년 울산 노동운동의 분수령이 된 사건이다.

이날 울산에 있는 현대중공업 노동자들과 그 가족 6만여 명은 회사 정문을 출발해서 울산 공설 운동장까지 시가행진을 했습니다. 노동자들은 지게차와 덤프트럭, 그리고 수백 대의 오토바이를 앞세우고 행진했는데요, 그 모습은 말 그대로 장관이었습니다.

이날 시위대 길이는 4킬로미터가 넘었고, 그렇게 16킬로미터를 시가행진해 운동장에 모였습니다. 7월부터 시작된 노동자 대투쟁의 정점을 찍었던 집회라고 할 수 있지요.

자, 그렇다면 87년 7~9월에 왜 이토록 대규모 노동 운동이 일어난 걸까요? 지금부터 독자들이 보내 온 질문을 하나하나 콕콕 짚어 답변해 드리도록 하겠습니다.

Q 1987년 7~9월에 노동자 대투쟁이 들불처럼 일어난 배경이 뭔가요?

A 크게 두 가지로 볼 수 있습니다. 하나는 앞서 말씀드린 대로 6월항쟁의 불꽃이 노동 현장으로 옮아붙은 건데요. 노동자들이 6월항쟁을 겪으면서 자연스럽게 정치의식이 깨어났다고 볼 수 있습니다. 그 과정에서 자신감을 갖고 그 열기를 저마다 사업장으로 옮겨 간 거지요. 또 하나는 '우리도 인간답게 살고 싶다.'는 기본적인 욕망을 표출하게 된 겁니다. 그전까지 우리나라 노동자들은 '저장고'였어요. 무슨 말이냐 하면, 세계에서 유례를 찾아보기 힘들 만큼 '저임금, 장시간, 고강도 노동'에 혹사당해 왔던 것이죠. 그래서 한국의 저장고 노동자들이 더 이상은 참고 살 수만은 없다며 박차고 일어난 겁니다.

Q 노동자 대투쟁은 어떻게 전개됐나요?

A 그 중요한 계기는 87년 7월 5일 울산의 현대엔진이라는 회사에서 노동조합을 설립하면서 폭발하기 시작했지요. 불꽃은 곧바로 울산에 있는 현대 그룹 계열 회사로 번졌고, 다시 울산 지역 전체로, 7월 말에는 옆 동네 부산으로, 8월에는 대구와 구미 공단으로, 그리고 9월까지 광주로, 수도권으로, 서울로 빠르게 번져 나갔죠. 이 석 달 동안 벌어진 노동쟁의 건수가 한국전쟁 이후부터 87년 노동자 대투쟁 전까지 일어났던 건수보다 많다는 통계가 있을 정도입니다.

Q 노동자들이 파업을 하면서 요구한 건 뭔가요?

A 무엇보다 먼저 일한 만큼 정당한 대가를 보상해 달라는 것이었고, 그다음으로 근로조건을 개선하고, 노동조합 활동을 보장해 달라는 것이었지요. 달리 말해 "노동자도 인간이다. 인간답게 살고 싶다."는 간절한 외침이었던 것이죠. 그동안 박정희, 전두환 군사 정권의 억압 속에서 찍 소리 못하고 살았던 설움이 민주화 열기를 타고 폭발한 거라고 할까요.

Q 노동자 대투쟁의 특징과 그 결과는요?

A 가장 중요한 특징을 꼽으라면 아마도 한반도에서 신석기 혁명이 일어난 이래 가장 큰 규모의 노동 운동이었다는 것입니다. 그것도 전국에서 동시 다발적으로 말이지요. 70년대까지만 해도 노동 운동 하면 전태일이 일하던 청계천 봉제 공장이나, 동일방직, YH무역 같은 중소 제조업체에서 주로 여성 노동자들이 투쟁을 벌인 경우가 많았어요. 그런데 87년 노동자 대투쟁 때는 울산이나 창원처럼 중화학 공업 사업장에서 남성 노동자들이 주축이 돼서 일어났어요. 그리고 이때 설립된 노동조합을 토대로 전국 단위의 노동 단체가 설립되는데, 그게 바로 전국민주노동조합총연맹(줄여서 민주노총)이지요. 이후 민주노총은 노동자의 권리를 위해 더욱 가열차게 싸우고 있답니다.

　이상으로 최근의 핫이슈를 콕콕 짚어 주는 시사콕콕에서 87년 노동자 대투쟁을 살펴봤는데요, 노동자 대투쟁은 6월항쟁으로 민주화가 진전되자 그 열기를 타고 일어난 노동 운동이었다는 거, 마지막으로 짚어 보면서 시사콕콕을 마치겠습니다. Ⓗ

특별대담

한국 민주주의는 어떻게 발전해 왔나

- 1987년 6월항쟁 이후 우리 사회 곳곳에서는 민주화 열기가 그 어느 때보다도 뜨거웠다. 우리나라 민주주의는 어떤 시련을 겪으며 발전해 왔으며, 앞으로 어떻게 발전해 갈 것인지, 전문가와 특별 대담을 갖는다.

- **대담 장소** 《특종! 20세기 한국사》 편집실
  참석 정치 평론가
  사회 《특종! 20세기 한국사》 편집장

1987년 6월항쟁, 이런 점이 아쉽다

사회자 1987년 6월항쟁은 우리 사회에 큰 변화를 몰고 왔습니다. 여러 분야에서 민주화 바람이 불었고, 마침내 1997년 대선에서는 건국 이래 처음으로 민주 정권으로 교체되는 성과로 이어졌습니다. 그럼 먼저 6월항쟁의 의의와 한계에 대해서 말씀해 주시겠습니까?

평론가 6월항쟁은 정말 대단했습니다. 그때 저도 거리로 뛰쳐나가 최루탄 뒤집어써 가면서 이 땅의 민주주의를 앞당기기 위해 목숨 바쳐 투쟁했죠. 저처럼 민주주의를 위해 몸을 불사른 사람이 있었기에…….

사회자 선생님, 자화자찬은 나중에 하시고 주제에 맞는 말씀을 해 주시죠.

평론가 아, 네. 6월항쟁의 의의라고 한다면 우리나라 민주주의 역사가 6월항쟁 이전과 이후로 나뉠 만큼 획기적인 사건이었다는 것입니다. 1970, 80년대 꾸준하게 이어져 온 모든 민주화 운동의 힘이 1987년 6월항쟁으로 모아졌고, 6월항쟁에서 승리한 힘을 바탕으로 우리나라가 민주주의를 이룰 수 있었던 것이지요.

사회자 좋은 말씀인 것 같긴 한데, 좀 추상적으로 들립니다. 좀 더 구체적으로 말씀해 주시면 고맙겠습니다.

평론가 네, 그러지요. 우선 6월항쟁 덕분에 체육관에서

대통령을 뽑는 방식에서 국민이 직접 대통령을 뽑는 직선제로 바뀌었습니다. 물론 그럼에도 불구하고 1987년 12월 대통령 선거에서 김대중과 김영삼 두 야당 지도자의 단일화 실패로 군사 정권이 연장되긴 했습니다만, 어쨌든 6월항쟁 이후 10년 만에 민주 정권이 들어서는 성과가 있었습니다.

사회자 그렇다면 6월항쟁 이후 10년 동안 민주화가 어떻게 이뤄져 왔는지 하나하나 살펴보도록 하죠. 먼저 어떤 성과가 있었습니까?

평론가 대단한 성과가 있었죠.

사회자 그러니까 어떤 대단한 성과가 있었는지요.

평론가 앞서 이 기자가 1987년 7~9월 노동자 대투쟁을 시시콜콜 코너에서 잘 짚어 주셨는데요.

사회자 시시콜콜이 아니라 시사콕콕이었습니다.

평론가 콜콜이든 콕콕이든 간에 6월항쟁이 없었다면 사상 유례 없는 대규모 노동 운동이 일어나기 어려웠을 거라는 걸 강조하고 싶습니다. 일제강점기 3·1운동과 해방, 그리고 4·19혁명 직후에도 그랬습니다만, 대규모 민중 운동 후에는 곧이어 노동 운동이 폭발하는 역사가 있었습니다. 87년 노동자 대투쟁도 바로 6월항쟁이라는 민중 항쟁이 있었기 때문에 가능했습니다. 그래서 6월 항쟁이 대단한 의미가 있다고 말할 수 있는 거지요.

사회자 잘 알겠습니다. 그렇다면 그 밖에 또 어떤 성과가 있었는지 말씀해 주시죠.

헌정 사상 첫 국회 청문회

평론가 에, 국회 청문회와 전교조 결성을 꼽고 싶습니다. 6월항쟁의 성과에 힘입어 국회에서는 청문회가 열렸습니다. 1988년과 89년에 있었던 국회 청문회는 대한민국 국회가 구성되고 나서 처음 있었던 일인데요, 그때 야당 국회의원들이 전두환 정권의 5공화국 비리와 광주 학살 문제를 끈질기게 파고들어 관련자들을 처벌하는 성과를 거두었지요. 이는 바로 6월항쟁이라는 거대한 민주화의 바람을 타고 얻을 수 있었던 커다란 성과라는 점을 강조하고 싶습니다.

사회자 그럼 교사들이 노동조합을 만든 것도 큰 성과로

볼 수 있는 건가요?

평론가 그렇습니다. 선진화된 국가에는 교직원 노동조합이 다 있습니다. 우리나라에서도 6월항쟁 이전에 그런 시도가 있었습니다. 4·19 직후에 교사들이 교원 노동조합을 만들기 위해 애썼습니다만, 박정희가 쿠데타를 일으키는 바람에 좌절되고 말았지요. 어쨌거나 6월 항쟁 1년 만에 전국교직원노동조합(줄여서 전교조)이 결성된 것은 6월항쟁으로 민주주의 발전이 얼마만큼 이뤄졌기 때문에 가능했다고 볼 수 있습니다.

사회자 1987년 6월항쟁 이후 민주주의라는 기관차가 앞을 향해 힘차게 질주한 것 같은데요, 그리하여 마침내 정권을 교체하고 민주주의를 완성할 수 있었던 건가요?

평론가 에헴, 제가 민주화 운동을 좀 해 봐서 아는데요, 민주주의라는 것이 항상 발전만 하는 게 아닙니다. 민주주의는 언덕을 오르는 수레 같아서 국민들이 참여해서

힘껏 밀고 나가지 않으면 언제든지 뒤로 빠꾸, 아 죄송합니다, 뒤로 미끄러질 수 있습니다. 1990년 초, 그러니까 6월항쟁이 일어나고 3년 뒤에 그런 우려가 현실로 나타났습니다. 그전까지 군부 독재와 목숨 바쳐 싸워 왔던 김영삼이 바로 그 당사자들인 노태우, 김종필과 3당 합당을 했는데, 이게 바로 민주주의를 되돌리는 나쁜 전례라고 볼 수 있습니다. 그 바람에 김영삼을 믿고 따르던 부산, 경남 지역이 덩달아 보수 성향으로 돌아서게 되지요. 부산이 어떤 곳입니까. 부마항쟁을 일으켜 박정희 정권을 무너뜨리는 데 결정적인 역할을 했고, 6월항쟁 때는 전국에서 가장 큰 항쟁이 일어났던 민주화의 성지 아닙니까. 그런 곳이 김영삼의 3당 합당으로 분위기가 확 바뀌었다는 것입니다.

늘 깨어 있는 시민으로 권력을 감시해야

사회자 비록 1보 전진을 위한 2보 후퇴가 있을지언정 그래도 민주주의는 발전해 가지 않겠습니까?

평론가 2보 전진을 위한 1보 후퇴겠지요. 2보 후퇴하고 1보 전진하면 아예 후퇴하는 거 아닙니까. 어쨌거나 그런 시련 속에서도 1997년에는 사상 첫 정권 교체가 이루어져 실질적인 민주 정부인 김대중 정부가 탄생했습니다. 1987년 6월항쟁 이후 이어져 왔던 민주주의 발전에 정점을 찍었던 일대 사건이었지요.

사회자 비로소 6월항쟁이 결실을 맺은 거군요.

평론가 결실은 맞지만 그렇다고 완성은 아닙니다. 앞서 말씀드렸지만 어떤 지도자가 나타나느냐에 따라 민주주의는 얼마든지 후퇴할 수 있습니다. 국민 한 사람 한 사람이 늘 깨어 있는 시민으로 권력을 감시하지 않으면 민주주의의 시계는 언제든지 20년, 30년 전으로 되돌아갈 수 있습니다. 방심은 절대 금물입니다.

사회자 아주 좋은 지적 같습니다. 국민이 정신 똑바로 차리지 않으면 민주주의는 언제든 후퇴할 수 있다는 무시무시한 말씀드리면서, 1987년 6월항쟁 이후 나타난 민주주의 발전 과정에 대한 특별 대담을 모두 마치겠습니다. 고맙습니다. Ⓗ

특별 기고

물고문 전기 고문 사실 폭로

1985년 민주화운동청년연합 의장 김근태가 겪은 고문의 전모가 아내 인재근을 통해 세상에 알려졌다. 하지만 대부분의 언론이 권력의 눈치를 보며 이를 보도하지 않아 《특종! 20세기 한국사》 편집실은 전두환 군사 정권의 탄압을 무릅쓰고 그 내용을 간추려 싣는다.

남영동 1985

1985년 9월 4일 새벽, 나는 건장한 사복 경찰들한테 이끌려 남영동 대공분실로 갔다. 그곳에서 20일 넘게 물고문과 전기 고문을 받았다. 처음 사흘 동안은 잠을 한숨도 안 재우고 밥 한 숟가락도 주지 않고 고문했다. 그 뒤 고문은 더욱 포악해져 이근안을 비롯한 고문 수사관들은 나의 발목과 무릎, 허리, 가슴 등을 혁대로 동여맨 다음 고문 틀인 칠성판에 묶었다.

그러고는 수사관 한 명이 내 얼굴에 노란 수건을 뒤집어씌웠다. 또 한 명은 나를 꼼짝 못하게 하고는 샤워기로 내 머리 위에 물을 쏟아 붓기 시작했다. 숨이 가빠 왔다. 처음에는 숨을 모아 쉬고, 또 안 쉬고 하면서 아주 짧은 순간은 견딜 수 있었다.

하지만 그 상황에서 숨을 쉰다는 것은 사실상 불가능했다. 수건을 덮은 얼굴 위로 물이 부어질 때마다 숨이 턱턱 막혀 왔다. 밑바닥이 닿지 않는 수렁에 빠져 허우적거리며 질식해 들어가는 심정이었다.

그다음에는 전기 고문이 이어졌다. 그것은 한마디로 불 고문이었다. 전기 고문은 겉에는 상처를 남기지 않으면서 몸 안에 치명적인 상처를 입히는, 말할 수 없이 고통스럽고 엄청난 공포를 느끼게 하는 고문이었다. 내 몸속으로 흘러 들어온 전기는

출소 후 구호를 외치는 김근태
김근태가 1988년 6월 30일 가석방 조치로 교도소 문을 나서며 아내 인재근과 함께 양심수 석방 등의 구호를 외치고 있다.

핏줄을 뒤틀어 놓고 팽팽하게 잡아당겨 마침내 마디마디를 끊어 버리는 것 같았다.

머리가 깨질 듯한 고통이 밀려오고 죽음의 그림자가 독수리처럼 날아와 나를 괴롭혔다. 물고문 전기 고문을 번갈아 받으면서 나는 정신을 잃지 않으려고 안간힘을 썼지만, 몇 차례나 기절했다 다시 깨어나기를 반복했다.

그들은 오랫동안 민주화 운동을 해 온 나에게 폭력 혁명주의자이며 공산주의자라는 걸 자백하라고 강요했다. 그러면서 민주화 운동을 하는 동지와 후배들의 이름을 대라고 윽박질렀다. 처음에는 이를 악물고 버텼지만 20일이 넘게 이어진 물고문과 전기 고문에 더 이상 버티지 못하고 그들이 써 온 '소설'에 사인을 할 수밖에 없었다.

남영동 515호실. 그곳에서 나는 몸도 마음도 짓이겨진 한 마리 짐승이었다.

고문 사실 폭로하고 수감 중인 김근태

● **고문 받을 때 심정이 어땠나요?**
"한마디로 죽고 싶었어요. 그래서 그 수사관들에게 어서 고통 없이 죽여 달라고 애원했지요."

● **위험을 무릅쓰고 고문 받은 사실을 폭로하게 된 까닭은 뭔가요?**
"그야 전두환 군사 정권이 자행하는 엄청난 인권 유린을 고발하기 위해서지요."

● **고문 사실이 매우 구체적인데요, 어떻게 그처럼 정확히 내용을 밝힐 수 있었나요?**
"고문으로 기절 직전 상황에서도 나를 고문한 수사관의 손목시계를 보고 시간을 기억했고, 진술서 끝에 적힌 수사관 이름을 기억해 뒀어요."

● **고문 사실이 세상에 알려진 경위가 궁금한데요.**
"고문 기간이 끝나고 내가 검찰청으로 끌려가던 중, 나를 찾아 헤매던 아내와 아주 잠깐 마주쳤어요. 바로 그 1분여 동안 아내에게 고문 받은 사실을 간명하게 얘기해 줬어요. 아내가 머릿속에 기억해 뒀다가 며칠 뒤 세상에 알렸지요."

● **마지막으로, 고문 받을 때 가장 견디기 힘들었던 순간은 언제였나요?**
"라디오 소리였어요. 비명 소리 때문에 일부러 라디오를 크게 틀었는데, 그 라디오에서 여자 아나운서들이 천하태평으로 수다를 떠는 소리를 들을 때 가장 고통스러웠어요. 나는 서울 한구석에서 독재자의 하수인들에게 짐승보다 못한 취급을 당하며 죽어 가고 있는데, 세상은 저리도 태평하단 말인가, 하는 생각에 참으로 서글펐지요."

20세기 핫이슈

- 남북 이산가족 찾기, 한참 늦었지만 더 늦기 전에
- 가자 북으로 오라 남으로! 남한 대학생, 거침없이 평양행
- 민간인 방북이 통일 운동에 미치는 영향
- 통일 소 500마리 몰고 북한 가던 날
- 남북 정상, 분단 55년 만에 뜨거운 포옹
- 남북정상회담 뒤 이렇게 달라져요
- 통일은 꼭 해야 할까

통일,
그날이 오면

남북이 분단된 지도 어언 반세기가 넘었다. 그 세월 동안 남과 북의 이산가족은 그리운 부모 형제를 만나지 못해 속이 타 들어가고 있다. 휴전선을 사이에 두고 남과 북이 총 부리를 맞대고 있는 바람에 한반도는 늘 무거운 긴장이 감돈다. 어떡하면 이 분단의 사슬을 사라지게 할 수 있을까. 그동안 통일을 위해 힘써 온 정부와 시민, 학생들의 노력을 점검해 보고, 통일에 한 발 다가설 수 있는 방안이 무엇인지 집중 조명 해 본다.

현장카메라

남북 이산가족 찾기
한참 늦었지만 더 늦기 전에

그 어떤 드라마가 이보다 더 감동적일 수 있을까. KBS가 453시간 동안 생방송으로 진행한 이산가족 찾기 프로그램이 전국을 눈물바다로 만들었다. 기자가 그 현장으로 카메라를 들고 나섰다.

이산가족 찾기 생방송

이산가족 찾기 프로그램이 방송되고 있는 KBS 사옥과 그 주변은 가족을 찾는 전단으로 뒤덮여 있습니다. 마치 광고 전단으로 KBS 사옥을 도배한 것 같은 풍경인데요, 전단의 생김새도 제각각이지만 그 안에 적혀 있는 사연도 정말 각양각색입니다.

"1·4후퇴 때 흥남부두에서 헤어진 여동생을 찾습니다. 고향은 황해도 신천. 귀 밑에 조그만 점이 있고, 지금 나이 40대 중반쯤. 찾는 사람 : 오빠 김 아무개."

"피난지 부산에서 헤어진 어머니를 찾습니다. 고아원에 저를 맡기고 난 후 그대로 헤어졌습니다. 어머니 이름은 장향순(가명), 지금 연세 71세. 어머니, 어디 계십니까? 찾는 사람 : 아들 한 아무개."

이산가족은 6·25전쟁 전후 남쪽으로 내려와서 부모 형제와 헤어진 사람들이 대부분입니다. 이들은 1983년 현재까지 길게는 30년이 넘는 세월 동안 부모 형제가 살았는지 죽었는지도 모른 채 살고 있습니다.

견우와 직녀도 일 년에 한 번은 칠석날에 만난

가족을 찾는 전단지로 뒤덮인 KBS 사옥 주변

다는데, 30년이 넘게 죽었는지 살았는지도 모른 채 헤어져 살고 있는 이산가족의 슬픔은 얼마나 클까요. 그래서 KBS가 슬픔 속에 살아가는 이산가족을 위해 특별 생방송을 시작했는데요, 이산가족이 만나는 스튜디오로 한번 들어가 볼까요.

스튜디오는 온통 눈물의 도가니

지금 스튜디오 안에는 이산가족 1천여 명이 헤어진 가족을 만나기 위해 나와 있습니다. 그동안 사연이 소개된 방송을 보고 혹시 가족을 만날지도 모른다는 기대를 가지고 나와 있는 사람들인데요, 마침 할머니 한 분과 젊은 남성 한 분이 서로를 확인하기 위해 나와 있군요. 보실까요?

할머니 : 이름이……
남자 : 이명수입니다.
할머니 : 내 아들 이름은 김창식인데.
남자 : 고아원에 있을 때 이름이 바뀌었다는 얘길 들었는데 본명은 모르겠어요.

특별 생방송 '이산가족을 찾습니다'

KBS가 추진한 이산가족 찾기 생방송은 1983년 6월부터 11월까지 138일 동안 453시간 45분 동안 진행됐다. 처음에는 두 시간짜리 생방송으로 기획됐는데, 첫날부터 반응이 폭발적이어서 두 시간 넘게 연장 방송을 해야 했다. 그래서 그다음 날부터 닷새 동안 모든 정규 방송을 취소하고 이산가족 찾기 방송을 내보냈다. 그러고도 이산가족 찾기 신청이 끊이지 않자 11월까지 휴일도 없이 생방송을 하기에 이르렀다. 이 기간 동안 10만여 건이 접수돼 5만여 건이 방송됐고, 생사를 모르고 살아온 10,189명의 이산가족이 꿈에도 그리던 가족을 만날 수 있었다. 한편 이산가족 찾기 생방송은 시청률 78퍼센트라는 방송 사상 최고의 시청률을 기록했다.

할머니 : 다른 거 뭐 기억나는 건 없고?

남자 : 너무 어렸을 때 어머니를 잃어버려서……. 제 이마에 작은 흉터가 있습니다. 여섯 살 때 어머니 심부름 가다가 돌부리에 걸려 넘어져 생긴 흉터인데요, 여기…….

할머니 : 어디 좀……. 맞다, 맞아, 내 아들 창식이가 맞아. 세상에 이럴 수가! 아이고, 창식아!

30년 넘게 헤어져 살아온 어머니와 아들이 만나는 순간입니다. 두 사람이 부둥켜안고 목 놓아 울고 있습니다. 스튜디오에 나와 있는 다른 이산가족들도 마치 자기 가족을 만난 듯 기뻐서 우는 모습입니다.

지금 만난 모자는 1·4후퇴 때 피난길에 포탄이 떨어지는 바람에 헤어졌는데, 그 후 아들은 고아원에 맡겨졌다가 대전에서 장사를 하며 살았고, 어머니는 천안에 살고 있었다고 하네요. 그리 멀지 않은 곳에서 안타깝게도 30년 넘게 생사도 모른 채 살아온 거였군요. 이산가족 찾기 생방송이 진행되는 스튜디오는 그야말로 눈물의 도가니입니다. 이산가족이 만날 때마다 여기저기서 박수와 눈물이 터져 나옵니다.

이제 우리는 만나야 한다

지금 보시는 스튜디오 바깥도 마찬가집니다. KBS 건물 밖에 있는 만남의 광장에는 가족을 찾기 위해 몰려든 사람들로 인산인해를 이루고 있습니다.

이곳에서도 스튜디오에서처럼 이산가족의 만남이 이루어지고 있는데요, 아직까지 가족을 찾지 못한 사람들은 자기 이름이 적힌 광고 전단을 조금이라도 더 잘 보이게 하려고 별의별 아이디어를

짜내고 있습니다. 더 잘 보이게 더 높이 붙이기도 하고, 가족 이름이 적힌 풍선을 전봇대에 매달기도 하고, 어떤 분은 딸을 찾는 전단을 가슴과 등에 붙이고 햇볕이 내리쬐는 여의도 광장을 온종일 서성이고 있습니다.

33년 만에 만난 오누이의 절규
6·25전쟁 때 서울 영등포역에서 헤어진 뒤 33년 만에 극적으로 만난 오누이가 부둥켜안고 오열하고 있다.

방송이 시작되고 사흘 동안 뜬눈으로 방송을 지켜보다가 이곳에 나왔다는 송영자 씨를 만나 봤습니다.

"6·25전쟁 때 오빠가 집에서 밥을 먹다가 인민군한테 끌려간 뒤 소식이 없어요. 30년 동안 오빠를 그리워하며 살았어요. 지금도 밤마다 오빠가 대문을 열고 집에 들어오는 꿈을 꿉니다. 이제는 좀 만나고 싶어요. 아니, 살았는지 죽었는지 그것만이라도 알고 싶어요. 흑흑."

가슴 아픈 사연입니다. 하지만 가슴 아픈 사연이 어디 송영자 씨뿐이겠습니까. 1천만에 이르는 이산가족들 모두 저마다 아픔이 있겠지요. 그런데 이분들에겐 하나의 공통점이 있습니다. 전쟁 통에 가족과 헤어진 뒤, 생사도 모른 채 30년 넘게 살아왔다는 것이지요. 이분들의 간절한 소망이 이루어져 하루빨리 헤어진 가족을 만날 수 있기를 바랍니다.

아, 그리고 지금 펼쳐지고 있는 이산가족 찾기 운동은 남한에 살고 있는 이산가족만을 찾아 주는 행사입니다. 아직 북에 있는 이산가족과 만나는 일은 꿈속에서나 가능한 일입니다. 그러니 어서 통일이 돼서 남과 북의 이산가족들도 그리운 가족을 만나는 날이 왔으면 좋겠습니다. 그것이 어렵다면 정부 차원에서 서로 생사라도 확인해 편지도 교환하고, 고향을 방문해 가족을 만나게 해 주었으면 좋겠다는 바람을 가져 봅니다.

이상으로 '특별 생방송 이산가족을 찾습니다'가 진행 중인 여의도 만남의 광장에서 전해 드렸습니다. ⓗ

남북 이산가족 만남의 역사
1983년 진행된 남한 내 이산가족 찾기 운동은 남한과 북한에 떨어져 사는 이산가족의 만남으로 이어졌다. 1985년에 남과 북에 있는 이산가족들이 서울과 평양을 오가며 역사적인 첫 상봉이 이루어졌다. 그 뒤 15년이 지난 2000년 '6·15 남북공동선언'에 따라 남북 이산가족 고향 방문단이 서울과 평양에서 상봉을 했으며, 그 이후 모두 18차례 남북 이산가족 상봉이 이루어졌다. 하지만 이명박 정부 들어 남북 관계가 얼어붙으면서 남북 이산가족 만남은 중단된 상태다.

동행취재

가자 북으로 오라 남으로!
남한 대학생, 거침없이 평양행

대학생들의 통일 열기가 갈수록 뜨거워지고 있다. 급기야 분단 이후 처음으로 남한의
한 대학생이 보란 듯이 평양을 방문해 남한 정부 당국자들을 충격에 빠뜨렸다.
세계청년학생축전에 참가하기 위해 평양으로 날아간 임수경 양을 동행 취재했다.

남북학생회담 요구 시위
대학생들의 남북학생회담 주장으로 촉발된 통일 운동은 각계의 참여를 이끌어 내며 우리 사회에 큰 충격을 안겨 주었다.

휴전선 철책 위로 날아간 새

참으로 오랜만에 평양 취재 길에 나섰다. 평양이라……. 도대체 이게 얼마 만인가? 1948년 김구 선생과 함께 삼팔선을 넘은 지 어언 40년 만인 것 같다. 그때는 6·25전쟁 전이었고, 남북 분단이 고착된 상태가 아니어서 삼팔선을 걸어서 넘어갔지만, 그로부터 40년이 지난 지금은 휴전선이 가로막혀 부득이 비행기를 타고 제3국을 경유해 들어가야 했다.

내가 평양에 가게 된 건 분단 이후 남한 대학생으로는 처음으로 평양을 방문한 한 대학생을 취재하기 위해서다. '휴전선 철책 위로 날아간 한 마리 새.' 그 새의 이름은 임수경이다. 대학 4학년인 임수경이 평양을 방문한 건 평양에서 열리는 세계청년학생축전에 참가하기 위해서다. 하지만 세계의 청년들이 어우러지는 축제에 그저 놀자고 간 건 아니다.

그녀의 방문은 지난해부터 불붙기 시작한 대학생들의 통일 운동의 한 과정이자 그 결정판이라고 볼 수 있을 것 같다. 그러니까 1987년 6월항쟁 때 민주화를 경험한 대학생들이 다음 목표를 통일 운동으로 정하고, 그 이듬해인 88년부터 '조국 통일 운동'에 뛰어든 것이다. 어쩌면 이 흐름은 자연스러운 현상일지도 모른다.

　4·19혁명 직후에도 남한의 대학생들이 '가자 북으로 오라 남으로, 만나자 판문점에서!'라는 구호를 내걸고 통일 운동을 벌인 적이 있다. 민주화 운동 다음에 통일 운동이 따라붙는 건 분단된 이 땅에서 무슨 공식처럼 돼 있는 듯하다.

민주화 이후 대학생들 통일 운동 전개

　이처럼 대학생들의 통일 운동에 불을 지핀 건 1988년 3월 서울대학교 총학생회장을 뽑는 선거에서 한 후보가 남북학생회담을 주장하면서이다. 그리고 나서 6월항쟁 1주년을 기념하는 행사에서 남한의 대학생들이 북한의 대학생들을 만나기 위해 판문점으로 행진하는데…….

　아, 기자인 내가 생각해도 기사가 너무 재미없게 흘러간다. 그럼 이제 대학생 통일 운동의 배경 이야기는 그만하고, 1989년 남북한 최고의 뉴스메이커(뉴스거리가 되는 인물)로 떠오른 임수경을 따라붙어야겠다. 일제강점기 이전부터 해방과 한국전쟁, 그리고 군사 독재 시대를 모두 경험한 한반도 문제 전문 대기자인 이 기자를 믿고 끝까지 따라와 주기를…….

6·10남북학생회담 추진과 통일 운동

1988년 서울대학교 총학생회장 선거에 출마한 김중기는 남과 북의 대학생들이 만나서 통일에 대해 이야기하자고 공식 제안한다. 이에 북한 김일성대학교 학생 대표가 호응하면서 남북학생회담이 추진되기에 이른다. 하지만 노태우 정부는 이를 불허했다. 남한 대학생들은 그에 아랑곳없이 6월 10일 판문점에서 회담을 열겠다며 판문점 행을 강행한다. 하지만 학생들은 판문점 근처엔 얼씬도 못하고 홍제동에서 해산당한다. 그 뒤 8월 15일 한 차례 더 학생회담을 추진했지만 또다시 정부의 저지로 무산된다. 그렇게 남북학생회담은 실패했지만, 그간 정부가 독점해 온 통일 논의를 범국민적으로 확산시키는 데 큰 구실을 했다. 이 같은 통일 운동의 열기는 이듬해 1989년 소설가 황석영, 문익환 목사, 임수경의 방북으로 이어졌다.

환호하는 평양 시민들에 답하는 임수경

임수경, 마침내 평양 도착

【평양】1989년 6월 30일 오후 1시 30분. 러시아 모스크바에서 떠나온 비행기 한 대가 평양 순안 공항에 착륙했다. 곧이어 앳돼 보이는 여성 한 명이 비행기 트랩을 내려섰다. 그녀는 환영 나온 북한 주민들 앞에 서서 입을 열었다.

"마침내 전대협은 평양에 도착했습니다. 서울에서 차로 네 시간이면 올 거리를 열흘이 걸려 왔습니다. 조국 통일 만세!"

남한의 대학생인 임수경이 전국대학생대표자협의회(줄여서 전대협) 대표 자격으로 7월 1일부터 7일까지 열리는 세계청년학생축전에 참가하기 위해 평양에 온 것이다. 임수경은 공항에서 곧바로 숙소인 고려호텔로 향했다. 호텔로 가는 길가에는 임수경을 환영하러 나온 평양 시민들로 인산인해를 이뤘다. 마치 국빈을 맞이하는 분위기였다.

승용차 안에서 임수경에게 평양으로 오기까지의 경로를 물었더니, 서울을 출발하여 도쿄와 서독, 동독, 모스크바를 거쳐 평양에 들어왔다고 했다. 그녀 말대로 몇 시간 거리를 열흘 만에 지구 반 바퀴를 돌아온 셈이다.

임수경이 평양에 온 목적은 세계청년학생축전에 참가하기 위해서다. 북한은 서울에서 개최된 88올림픽이 성공적으로 막을 내리자, 이에 대한 대응으로 사회주의권 나라의 청년 학생들을 초청하여 체육 및 문화 행사를 벌이는 축전을 개최했다. 북한 학생들은 이 행사에 남한 학생들을 초청했고, 이에 남한의 학생 대표 조직인 전대협이 즉각 호응했다. 하지만 정부 당국이 이를 허가해 주지 않자 비공개로 임수경을 평양에 보낸 것이다. 정부의 허가를 받지 않고 북한에 가는 건 엄연히 불법이지만, 학생들은 거기에 개의치 않고 축전 참가를 강행했다.

지금 서울에선

임수경이 평양 공항에 도착해 "전대협은 마침내 평양에 도착했다."고 발표한 6월 30일 오후. 서울에 있는 한양대학교 교정에서는 전대협 주최로 평양축전 참가를 지지하는 집회가 열리고 있었다. 전대협 의장이 임수경의 평양 도착 소식을 알리자 대학생들은 열광의 도가니에 휩싸였다. 하지만 잠시 뒤 7천여 경찰 병력이 학교 안으로 들이닥쳐 학생들을 닥치는 대로 연행했다. 서울과 평양의 두 풍경은 외신 기자들을 통해 지구촌 곳곳으로 퍼져 나갔다.

가는 곳마다 조국은 하나다 외쳐

임수경은 축전 기간 동안 모든 행사에 남쪽 대학생 대표로 참여했는데, 가는 곳마다 북한 주민들과 축전에 참가한 세계 170여 개국 청년 학생들의 열렬한 환영을 받았다.

행사 개막일인 7월 1일엔 이런 일이 있었다. 축전 참가자들이 개막식이 열리는 경기장으로 들어가기 전 약 4킬로미터에 이르는 거리를 행진했는데, 임수경을 보러 나온 북한 주민들로 인산인해를 이뤄 행진이 어려울 지경이었다. 주민들은 임수경의 손을 한번 잡아 보기 위해 경호원들의 제지를 뚫고 막무가내 달려들었다. 북한 주민들의 모습은 환영 수준을 넘어 거의 열광에 가까웠다.

평양 축전 환영 물결
평양의 아파트 주민들이 밖을 내다보며 거리를 행진하는 축전 참가자들에게 환호하고 있다.

기자는 처음에 저 주민들이 분명 북한 당국으로부터 교육을 받고 저렇게 연기하는 거라고 생각했다. 하지만 그렇게 생각하기엔 그들의 '연기'가 너무 진지하고 절절했다. 그것이 연기라면 그 어떤 연기상도 따 놓은 당상일 듯싶었다.

취재를 도와주는 북한 측 정부 당국자는 기자에게 이런 말을 했다. "공화국이 생긴 이래 인민들이 이렇게 말을 안 듣는 경우는 처음."이라며 주민들을 통제하느라 자기들도 죽을 지경이라고 했다. 아닌 게 아니라 임수경은 이번 평양 세계청년학생축전이라는 성대한 오페라의 프리마 돈나였다. 북한 주민들과 세계 언론은 축전 행사보다 남쪽에서 온 여학생 하나에 온 관심을 집중했다. 임수경은 돋보기로 햇빛을 모으듯 모든 관심을 자신에게로 집중시켰다. 그러는 사이 기자는 남한 당국이 '돌아오기만 해 봐!' 하고 벼르고 있다는 소식을 서울로부터 전해 들었다.

임수경에 대한 관심이 집중되자 북한 당국은 그녀가 내외신 기자회견을 할 수 있도록 허락했다. 7월 3일 열린 기자회견에는 내외신 기자 200여 명이 참석할 만큼 관심이 뜨거웠다.

전대협기를 앞세우고 입장하는 임수경
북한 주민들과 세계 언론은 축전 행사보다 남쪽에서 온 대학생 임수경에게 온 관심을 집중했다.

기자회견을 하는 임수경
이날 임수경은 자신이 준비해 온 글을 낭독한 후 외신 기자들의 질의를 받았다.

이날 기자회견에서는 아주 민감한 질문들이 쏟아졌는데, 임수경은 질문 하나하나에 의연하게 답했다. 특히 사회주의권 나라에서 온 기자들과 우리와 같은 분단국 동서독 기자들의 관심이 컸다. 다음은 기자회견 전문이다.

- 어떻게 한국으로 돌아갈 것인가?

"어떻게 가긴 뭘 어떻게 가나. 걸어서 갈 것이다.(모두 웃음) 걸어서 판문점 군사분계선을 통과해 귀국하겠다.

- 돌아가자마자 남한 당국에 체포될 것으로 보이는데.

"남한에서 감옥은 꼭 죄를 지은 사람만이 가는 곳이 아니다. 감옥에 가더라도 자랑스럽게 여길 것이다."

- 생명의 위험을 무릅쓰고 북한에 온 이유가 무엇인가?

"나는 북한을 동경해서 온 게 아니다. 통일에 대한 열망으로 여기에 왔다. 분단을 극복하고 갈라진 민족의 핏줄기를 잇고자 1백만 대학생의 대표로 온 것이다."

- 통일이 뭐라고 생각하나?

"하나가 된다는 것은 더욱 커지는 일이다!"

임수경은 쏟아지는 질문 공세에 전혀 주눅 들지 않고 때론 유머를 섞어 가며 자신 있게 자신의 소신을 밝혔다. 인터뷰 마지막에는 '우리의 소원은 통일'을 부르며 눈물을 흘리기도 했다.

판문점 군사분계선을 넘어 남으로!

【판문점】일주일간의 축전 행사가 끝나고 나서 임수경은 열흘가량 북한이 자랑하는 대학교며 공업 시설, 가극 '꽃 파는 처녀', 그리고 금강산 등을 둘러보고는 마침내 귀국길에 올랐다.

외국의 평화운동가들과 행진하는 임수경
평양 축전에 전대협 대표로 참석한 임수경은 외국의 평화운동가 300여 명과 백두산에서 판문점까지 행진을 했다.

임수경이 판문점에 도착한 건 7월 27일. 판문점으로 오는 동안 북한 주민들이 보내 준 환호는 앞서 보았던 것 이상이었다. 북한 주민들과 임수경은 "조국은 하나다!", "통일의 광장에서 다시 만나자."고 외치며 눈물을 흘렸다.

기자의 예상대로 판문점 공동경비구역에 있는 유엔군은 임수경이 군사분계선을 넘어오는 것을 허락하지 않았다. 귀국 1차 시도 실패. 판문점을 통과하는 건 북한이 마음대로 할 수 있는 문제가 아니었다. 북한 당국은 제3국을 경유해 돌아가는 게 좋겠다고 임수경을 설득했다. 하지만 임수경은 절대 그럴 수 없다며 엿새째 단식 농성을 벌였다. 그런데도 북한 당국이 또다시 제3국 경유를 권하자 임수경은 32층에서 뛰어내리겠다고 고집을 부렸다.

북한 당국은 별 수 없이 유엔과 물밑 접촉을 시도해 임수경이 판문점을 통과하도록 길을 열어 주었다. 8월 15일 귀국 2차 시도. 임수경은 천주교정의구현사제단에서 파견한 문규현 신부와 함께 마침내 공동경비구역 내 군사분계선을 넘었다. 통과 시각 오후 2시 20분. 군사분계선을 넘는 데 걸린 시간은 달랑 1초. Ⓗ

임수경 판문점 귀환 1차 시도
1989년 7월 27일, 태극기를 목에 두른 임수경이 문규현 신부와 함께 판문점 군사분계선을 넘으려다 유엔사의 저지로 실패하자 거세게 항의하고 있다.

'통일의 꽃' 갇히다

남쪽 구역으로 넘어온 임수경은 곧바로 안전기획부 요원들에 의해 체포되어 서울로 압송되었다. 방북 이후 남과 북에서 '통일의 꽃'이라는 별명을 얻은 임수경은 3년 6개월 동안 복역 후 석방되었다. 그 후 임수경은 기자와 대학 강사로 활동하다가 2012년 민주통합당 국회의원이 되어 정치가로 변신했다.

전대협이 통일 운동의 일환으로 추진한 1989년 임수경의 방북은 그 후 민간단체와 종교단체에도 큰 자극제가 되었으며, 그전까지 정부 당국이 틀어쥐고 있던 통일 논의를 범국민 차원으로 확산시키는 데 큰 역할을 했다. 반면에 북한의 대남 선전에 이용당했다는 비판 여론이 일기도 했으며, 노태우 정부가 민주화와 통일 운동을 탄압하는 빌미가 되기도 했다.

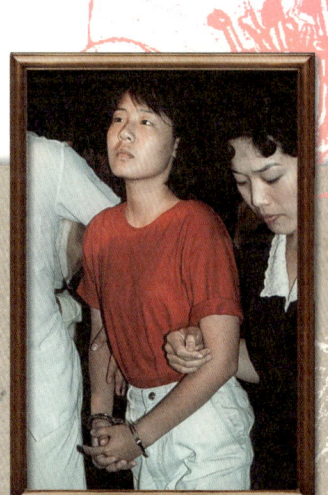

귀환 후 체포되는 임수경

민간인 방북이 통일 운동에 미치는 영향

1989년 들어 소설가 황석영, 재야인사 문익환 목사 같은 남한 주요 인사들의 방북이 줄줄이 사탕이다. 이에 따른 남한 사회의 반응과 통일 운동에 미치는 영향을 《특종! 20세기 한국사》 편집실이 긴급 분석 한다.

○ **1989년은 북한 방문의 해?**
1. 소설가 황석영, 1989년 3월 북경 거쳐 평양 방문.
2. 재야 지도자 문익환 목사, 1989년 3월 황석영보다 닷새 뒤 평양 도착.
3. 대학생 임수경, 1989년 6월 도쿄, 서독, 동독, 모스크바 거쳐 방북.
4. 국회의원 서경원, 1988년에 이미 방북한 사실이 1989년 6월에야 밝혀짐.

○ **방북 배경과 목적**

1989년에 일어난 잇따른 방북 사건은 1988년부터 대학가에 불어 닥친 통일 운동 열기에 적잖은 영향을 받았다. 이 같은 분위기 속에서 베스트셀러 작가인 황석영은 북한 작가들을 만나 남북 예술인 교류와 남북작가 회의 개최를 논의하기 위해 방북한 것으로 알려졌다.
한편 재야 지도자로서 민주화 운동과 통일 운동을 이끌었던 문익환 목사는 북한 당국이 남쪽의 종교, 사회 지도자를 초청함에 따라 이에 응하는 형식으로 방북 길에 올랐다. 문 목사는 또 정부만 믿고 기다리다가는 통일은 요원하다는 판단 아래, 본인이 직접 나서서 통일의 물꼬를 터야겠다는 생각으로 이번 방북을 결심한 것으로 알려졌다.

o. 북한에서의 활동 사례

 1. 황석영 : 북한의 작가들과 만나 작품 교류에 관해 논의하는 한편, 북한 최고 지도자 김일성을 면담했다. 이 자리에서 김일성이 "황 동무가 쓴 《장길산》을 읽어 봤는데, 재주가 대단하더라."며 호의를 보임.

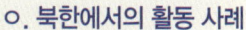
북한 어린이에게 환영 꽃다발을 받는 황석영

2. 문익환 : 평양 봉수교회에서 부활절 예배드림. 그리고 김일성과 단독 면담을 통해 '자주, 평화, 민족대단결 원칙'에 입각해 통일을 해야 한다는 것과, 남한과 북한 어느 한 쪽이 먹고 먹히는 식의 통일은 바람직하지 않다는 데 의견을 같이함. 이 같은 내용을 골자로 4월 2일 공동성명 발표. 한편, 문 목사가 김일성을 만나 뜨겁게 포옹한 것을 두고 남한 내 보수 세력의 비난이 거세게 일고 있는 상황.

김일성에게 《우리말 갈래사전》을 선물하는 문익환

○. 민간인 방북에 따른 남한 내 반응
1. 정부 측 입장 : 일단 당혹. 모험주의적이고 이상주의적인 돌출 행동은 통일에 도움이 안 되며, 남한 사회를 혼란에 빠뜨릴 뿐이라며 돌아오는 즉시 구속할 방침이라고 함.
2. 시민 단체 1 : 노태우 정권이 황석영과 문익환 방북을 빌미로 민주화 운동을 탄압함으로써 민주화 운동이 크게 위축될 것이라고 우려함.
3. 시민 단체 2 : 북한 방문에 대한 금기를 깸으로써 그동안 정부가 독점해 온 통일 논의를 활성화시킬 것으로 기대함.

○. 귀국 후 조치
황석영은 북한 방문 후 베를린으로 가서 작품 활동을 벌이다가 1993년 귀국하여 5년 동안 수감 생활을 했으며, 문익환은 귀국 직후 구속되어 1993년 석방되지만 이듬해인 1994년 세상을 떠남.

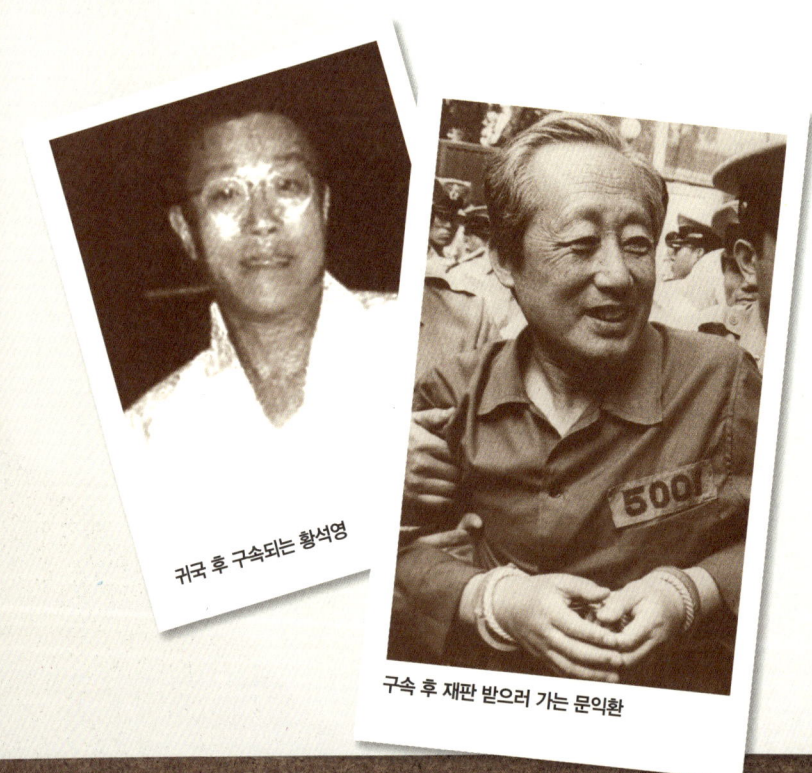

귀국 후 구속되는 황석영

구속 후 재판 받으러 가는 문익환

o. 발표자 최종 의견

위 상황을 종합해 볼 때 황석영과 문익환 등 민간인의 잇단 방북이 노태우 정부의 공안정국(공공의 안정을 위한다는 구실로 민주화 운동을 탄압하는 정치) 조성에 빌미를 제공함으로써 한동안 민주화 운동과 노동 운동이 위축될 것으로 보임. 하지만 정부가 독점해 온 통일 논의를 민간으로 확대하는 계기가 되었으며, 노태우 정부의 통일 정책을 바꾸는 데도 영향을 줄 것으로 보임. 더 나아가 문익환과 김일성이 합의한 내용이 2000년 6·15남북공동선언에도 적극 반영되어 한반도 통일 분위기 조성에 기여할 것으로 판단됨.

－《특종! 20세기 한국사》편집실

실시간 생중계

통일 소 500마리 몰고 북한 가던 날

10년이면 강산도 변한다는 말처럼 문익환, 임수경 같은 민간인들의 북한 방문이 있은 지 10년 만에 세계가 깜짝 놀랄 방북 이벤트가 펼쳐졌다. 국내 최고 재벌인 정주영 회장이 통일 소 500마리를 몰고 북한을 방문한다는 것이다. 이 역사적인 현장을 CNN과 연결하여 실시간으로 생중계한다.

울산 현대조선소 공사 현장에 선 정주영

통일 소 나가신다 길을 비켜라

기자 안녕하십니까? 여기는 《특종! 20세기 한국사》 스튜디오입니다. 1998년 6월 16일 오늘은 정주영 회장이 소 500마리를 몰고 북한을 방문하는 날입니다. 이에 통일 전문가를 모시고 이번 방북의 의의와 소몰이 이벤트가 남과 북의 화해와 통일에 미칠 영향 등에 대해 이야기를 나눠 보겠습니다. 먼저 이번 이벤트가 누구에 의해 어떻게 기획됐는지 말씀해 주시죠.

전문가 소 500마리를 몰고 남북 분단의 상징인 판문점을 넘는 이 획기적인 이벤트를 기획한 사람은 현대그룹 명예 회장인 정주영입니다. 이른바 왕회장이라고도 하는데요, 저도 편의상 그렇게 부르겠습니다. 이번 이벤트는 왕회장이 기획과 연출, 그리고 주인공까지 맡은 1인 3역 드라마라고 할 수 있습니다.

기자 제가 알기로 왕회장은 불도저라는 별명이 붙을 만큼 일을 저돌적으로 밀어붙이는 스타일의 기업가라고 알고 있는데요, 그런 분이 이런 기발한 아이디어를 냈다는 게 믿기지가 않는군요.

전문가 잘 모르시는 말씀입니다. 왕회장이 물론 뚝심도 있지만 꾀가 아주 많은 분입니다. 이런 일화가 있습니다. 조선소를 지어 선박을 만들겠다며 울산 앞바다 사진 한 장 달랑 들고 자금을 구하러

영국의 한 은행에 갔더니, 조선소 시설도 안 된 회사가 무슨 배를 만드냐며 돈을 안 빌려 주려 했대요. 그러자 오백 원 짜리 지폐(이 때는 지폐였음)를 꺼내 보이며, 우리 민족은 몇백 년 전에 이 같은 철갑선을 만든 민족이라고 끈질기게 설득한 끝에 자금을 끌어왔다는 일화가 있습니다. 또 하나는 서산 간척지 공사를 할 땐데, 마지막 남은 270미터 구간의 물살이 하도 세서 물막이 공사가 진행이 안 되더래요. 그래 다들 넋 놓고 있는데, 왕회장이 아이디어를 내서 320미터짜리 유조선을 그 구간에 대 놓고 물막이 공사를 완성시킨 일화가 있어요. 이를 일러 '정주영 공법'이라고 하지요.

물막이 공사에 동원된 유조선

기자 아, 그렇군요. 그래서인지는 몰라도 이번 소몰이 이벤트에 남한과 북한뿐만 아니라 전 세계에서도 큰 관심을 보이고 있습니다. 왕회장 연세가 여든이 넘은 걸로 아는데요, 무슨 생각으로 이번 이벤트를 기획한 걸로 보십니까?

전문가 크게 보면 현대그룹이 북한과 경제 협력을 하기 위한 멍석 깔기 행사로 봐야 할 것 같고요, 왕회장 개인적으로는 자신의 고향인 북한에 뭔가 도움을 주기 위해 마련한 이벤트가 아닌가 싶습니다. 아울러 기업가인 본인이 나서서 통일의 물꼬도 트겠다, 하는 의도가 있는 것이죠.

소 떼 방북 기획한 정주영 회장

현대그룹을 창업한 정주영 회장은 가난한 농부의 아들로 태어나 초등학교를 마치고 서울로 가출, 쌀가게 점원으로 시작해서 현대건설과 현대중공업, 현대자동차, 현대조선소 등을 세운 기업가이다. 한국전쟁 뒤 복구 사업과 박정희 정권 시절 산업화 과정에서 불도저처럼 일을 추진해 기업을 키웠으며, 1992년 통일국민당을 창당해 대통령 후보로 선거에 나섰다가 낙선한 경력이 있다. 김대중 정부 들어 금강산 관광과 개성 공단 설립을 이뤄 내 남북한 화해와 경제 교류에 크게 기여한 인물로 평가받는다.

소 떼 방북 직전의 정주영

소도 가는데 우리는 언제 고향에

기자 알겠습니다. 그럼 오늘 소 떼 방북 일정을 간단히 말씀드리겠습니다. 먼저 어젯밤 소 500마리를 싣고 충남 서산 농장을 출발한 트럭이 오늘 아침 임진각을 거쳐 판문점에 도착한 후 군사분계선을 넘어 북한으로 가는 걸로 돼 있습니다. 아, 지금 임진각에 마련된 통일 소 환영 대회장 화면이 보이는군요.

전문가 네, 누렁소 500마리를 태운 트럭 50대가 임진각에 도착했군요. 통일 소를 배웅하러 나온 실향민들이 태극기를 흔들며 소들을 맞이하고 있습니다. 트럭에 실린 소들을 아주 부러운 눈으로 바라보는 모습입니다. 한 실향민이 소를 보면서 "소도 가는데 우리는 언제 고향 땅을 밟는단 말인가."라며 눈물을 글썽이고 있군요. "내가 저 소라면 얼마나 좋을까."라며 한숨을 쉬는 이산가족도 보이고요. 아무튼 환영 나온 실향민들은 소들에게 "니들이 고생이 많다. 꼭 통일을 이뤄 다오."라며 당부하는 모습입니다.

기자 말씀드리는 순간, 승용차를 타고 왕회장 일행이 임진각 환영 회장에 모습을 드러냈습니다. 승용차에서 내린 왕회장이 소 한 마리에게 꽃다발을 걸어 주며 등을 쓰다듬고 있는데요, 지금 감회가 어떨까요?

전문가 감개무량이라는 말이 딱 이럴 때 어울릴 것 같습니다. 왕회장은 특히 소하고 아주 인연이 깊거든요. 소년 시절 왕회장은 가난이 싫어서 70원을 몰래 훔쳐 집을 나왔습니다. 그 돈은 아버지가 소를 판 소중한 돈이었죠. 왕회장은 그 돈을 밑천으로 오늘날 대한민국 최고의 재벌이 됐습니다. 그러니 소를 보면 고향 생각, 아버지 생각이 많이 나겠죠. 언젠가 꼭 그 빚을 갚아야 한다는 생각을 했을 겁니다. 그래서 오늘 이벤트도 개 떼나 양 떼가 아니라 소 떼로 정한 게 아닐까 하는 생각이 듭니다.

기자 개 떼라니요. 잘 나가시다가 비유가 좀 그렇습니다. 아무튼 저 소들이 남북통일의 물꼬를 터 줬으면 하는 바람입니다. 말씀드리는 순간, 왕회장 일행이 소 떼를 싣고 임진각을 떠나 판문점을 향해 출발했습니다. 드디어 엊그제 개통된 길이 900미터의 통일대교가 왕회장 일행과 소 떼를 태운 트럭 50대로 입추의 여지가 없습니다. 한마디로 장관입니다.

통일대교를 건너는 트럭 행렬

20세기 최고의 퍼포먼스

전문가 그렇습니다. 지금 소 떼 방북 모습을 미국 CNN이 생방송으로 내보내고 있는데요, 우리뿐만 아니라 전 세계에서 큰 관심을 보이고 있습니다. 프랑스의 한 철학자는 왕회장이 소 떼를 몰고 북한을 방문하는 걸 두고 "독일의 베를린 장벽이 무너진 이후 펼쳐지는 20세기 마지막 전위예술"이라며 흥분을 감추지 못했는데요, 과연 판타스틱한 통일 퍼포먼스(행위예술)라고 할 수 있겠습니다.

기자 드디어 통일 소 떼가 판문점에 다다랐습니다. 왕회장이 군사분계선을 넘기에 앞서 내외신 기자들과 간단한 기자회견을 하고 있습니다. 기자회견 모습을 잠깐 보도록 할까요?

전문가 네. 감회가 어떠냐는 기자의 질문에 "어릴 적 무작정 이 길을 지나 서울로 왔는데, 이제야 다시 이렇게 판문점을 지나 고향을 찾게 돼 참으로 감개가 무량하다. 이번 방문이 나 개인의 고향 방문이 아니라 남북의 화해와 평화를 이루는 초석이 되기를 진심으로 기원한다."라고 말하는군요. 그것이 어찌 왕회장 혼자만의 바람이겠습니까. 뒤에서 이번 행사를 적극 지원한 김대중 정부와 남북한 우리 동포 모두의 바람이겠죠.

기자 북한 방문 후 일정에 대해 나온 게 있습니까? 아니면 소 떼만 전달하고 돌아오는 건가요?

판문점을 통과하는 트럭 행렬

금강산 관광 첫 출항에 나선 금강호

전문가 아닙니다. 누렁소 500마리 몰고 가서 설마 여물만 먹이고 오겠습니까. 아마 남북의 긴장을 누그러뜨릴 만한 역사적인 사업을 이야기하고 올 겁니다. 현대그룹과 정부의 정통한 소식통에 의하면, 왕회장은 이번에 북한을 방문해서 북한 당국과 금강산 관광에 대해 논의를 할 것으로 전망됩니다. 협상이 잘 진행되면 우리 남쪽 국민들이 그리운 금강산을 관광하는 게 가능해질지도 모릅니다.

기자 아, 꿈에도 그리던 금강산을 볼 수 있게 된다는 말씀이군요. 이번 소몰이 이벤트가 결실을 맺어서 그런 날이 하루빨리 왔으면 하는 바람입니다. 드디어 통일 소 500마리를 실은 50대의 트럭이

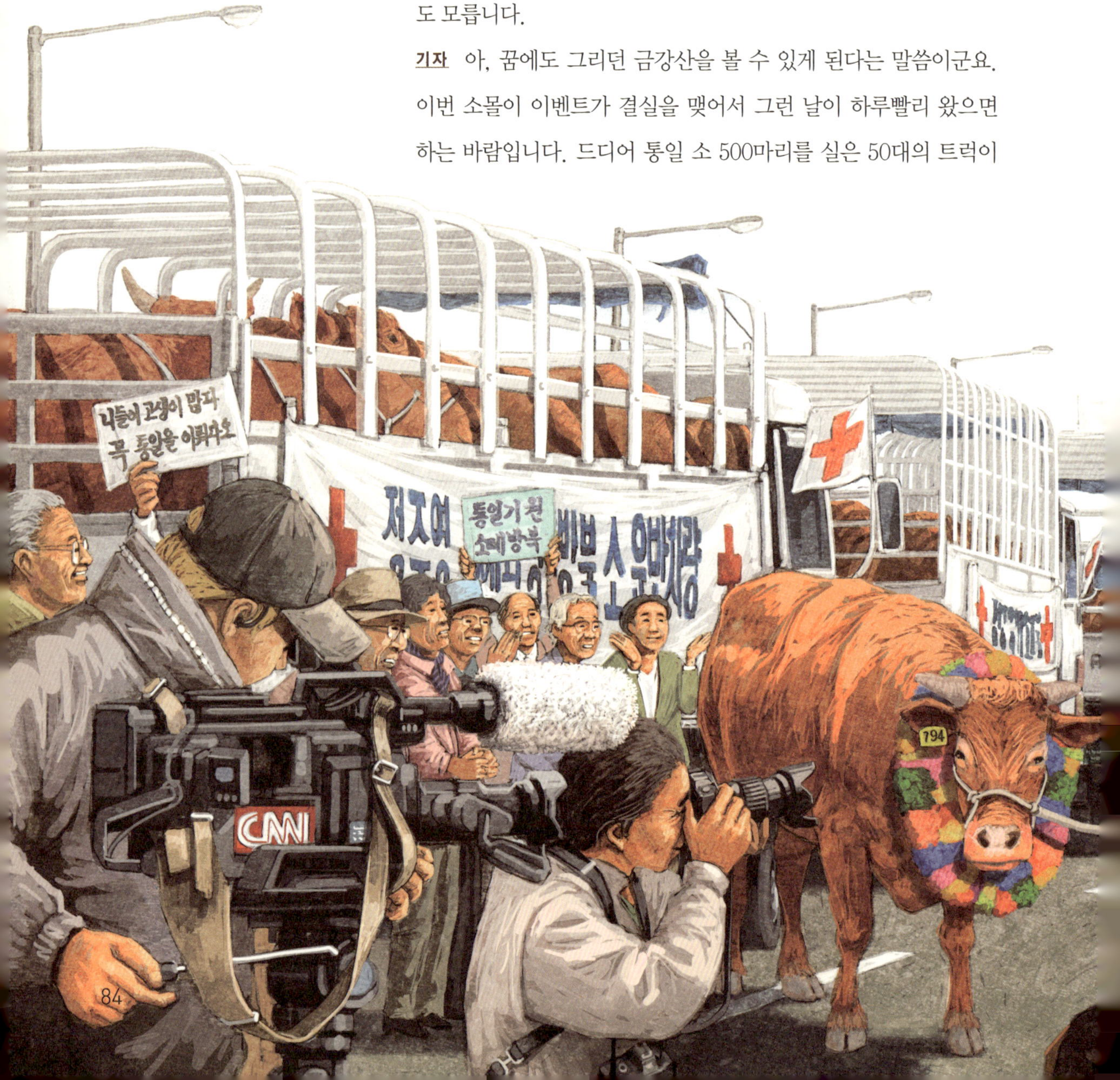

군사분계선을 넘어서고 있습니다. 지금 전 세계의 이목이 이곳으로 집중되고 있습니다. 마중 나온 북쪽 관리들이 소 떼를 인계 받아 왕회장 일행과 함께 북으로 향합니다. 마지막으로 왕회장의 소 떼 방북이 갖는 의미와 앞으로 남북 관계에 미칠 영향에 대해서 간단히 짚어 주시기 바랍니다.

<u>전문가</u> 대립과 갈등의 상징인 판문점을 민간인이 열었다는 것과, 금단의 땅이었던 북한이 이를 받아들였다는 사실 자체에 큰 의미가 있습니다. 이번 방북으로 남북한 사이의 긴장이 크게 완화되고, 민간 차원의 교류와 협력이 활성화될 것으로 기대됩니다.

<u>기자</u> : 알겠습니다. 왕회장이 소 떼와 함께 판문점을 무사히 넘었다는 소식 전해 드리면서 통일 소 방북 이벤트 생중계를 모두 마치겠습니다. 고맙습니다. Ⓗ

소 떼 방북 이후

김대중 정부 시절인 1998년 6월 소 떼를 몰고 북한을 방문한 정주영은 그해 10월에 통일 소 2차 분 501마리를 이끌고 또다시 평양을 방문했다. 그리고 약 한 달 뒤인 11월 남쪽 관광객 882명을 태운 2만 8천 톤 급 금강호가 첫 출항. 역사적인 금강산 관광에 나섰다. 또한 노무현 정부 시절인 2003년에는 육로를 통해 금강산 관광을 할 수 있는 길이 열렸다. 그러다가 2008년 이명박 정부 들어 남쪽 관광객 한 명이 금지구역에 모르고 들어갔다가 북한 경비병에 의해 피살된 이후 금강산 관광이 전면 중단됐다. 이에 따라 경제 협력과 민간인 교류도 빙하기를 맞이하게 되었다.

역사실록 6·15

남북 정상, 분단 55년 만에 뜨거운 포옹

2000년 6월, 분단 55년 만에 남과 북의 두 정상이 평양에서 만났다. 역사적인 첫 남북 정상회담이 이뤄지기까지, 그리고 공동선언문에 사인을 하기까지 숱한 난관이 있었다. 한반도 통일의 출발점이 될 남북정상회담, 그 역사의 현장 속으로 들어가 본다.

서울에서 평양까지 1시간 10분

대한민국 대통령 김대중이 탄 공군 1호기가 서울 공항을 이륙했다. 2000년 6월 13일 오전 9시 15분. 공항을 이륙한 비행기가 얼마 지나지 않아 서해 상공을 날기 시작했다. 김대중은 멀리 보이는 이북 땅을 바라보며 잠시 감회에 젖었다. 외세에 의해 분단된 지 어언 55년. 그동안 남과 북은 대립과 갈등의 세월을 보냈다. 베트남도 통일되고 독일도 통일이 됐건만 한반도는 통일과는 반대의 길을 걸어온 것이다.

김대중은 대통령이 되고 나서 남북의 화해와 협력을 지향하는 햇볕정책을 일관되게 추진했다. 그는 대통령 취임사에서 남과 북의 두 정상이 만나서 남북 화해를 위해 허심탄회하게 이야기를 나누고 싶다는 뜻을 밝혔다. 그리고 올해 3월 독일 베를린 자유대학에서 북한과 전 세계를 향해 "우리는 북한과 그 어떠한 전쟁도 원치 않는다. 만일 북한이 원한다면 경제적으로 돕고 싶다."라는 '베를린선언'을 발표했다. 이때부터 남북정상회담이 급물살을 타면서 남과 북의 밀사들이 제3국에서 만나 구체적인 논의를 하기 시작했다. 그 결과 마침내 오는 6월, 평양에서 남북정상회담을 갖기로 전격 합의했다.

독일 베를린 자유대학에서 '베를린선언'을 발표하는 김대중

　그 뒤부터 남과 북은 공식적인 채널을 통해 남북정상회담을 위한 준비에 들어갔다. 두 달여의 시간이 쏜살같이 지나갔다. 그사이 국내의 보수 세력과 야당은 줄곧 의혹의 눈길을 보냈지만, 국민 여론과 전 세계인의 관심 덕분에 별다른 어려움은 없었다.

　하지만 김대중은 내심 초조했다. 대화 상대인 김정일이 과연 어떤 인물인지 정확히 파악이 되지 않았기 때문이다. 정보를 모은다고 모아 봤지만 그에 관한 정보는 대체로 부정적이었다. 김대중은 고민 끝에 북쪽에 특사를 보내기로 했다.

　"김정일이 어떤 인물인지 직접 가서 알아보시오. 또한 만나서 나눌 이야기를 구체적으로 합의하고 오시오."

　그리고 며칠 뒤 밀명을 받은 대통령 특사가 평양을 방문하고 돌아왔다.

　"그래, 그쪽 분위기가 어떻소?"

　"대통령님이 제시하신 회담 내용에 대해서는 북쪽이 대체적으로 동의를 하는 편입니다. 김정일은 생각보다 소탈하고 시원시원했습니다. 대통령님과 얘기가 잘 통할 것 같은 느낌을 받았습니다. 한데 한 가지 문제가……."

　"문제라니, 그게 무엇이오?"

김대중의 햇볕정책

겨울 나그네의 외투를 벗기는 것은 매서운 찬바람일까, 아니면 따뜻한 햇볕일까. 김대중은 햇볕이라고 판단했다. 그래서 일관되게 남과 북의 화해와 협력을 지향하는 햇볕정책을 유지했다. 햇볕정책의 핵심은 북한을 서서히 개방의 길로 유도하는 것이었다. 이를 위해 김대중 정부는 남북 간의 긴장을 완화하고 경제 교류를 활성화하는 방향으로 남북 관계를 이끌어 왔다. 남북정상회담은 이 같은 햇볕정책의 정점이라고 할 수 있다. 김대중은 "역사적으로 봉쇄정책이 개방을 이뤄 낸 적이 없다."고 말해 왔다. 한편, 햇볕정책은 남한 내 보수 세력에 의해 '북한 퍼주기'라고 비판을 받기도 했다. 햇볕이라는 용어는 이솝 우화에서 인용한 것으로, 1998년 4월 영국 방문 때 런던대학에서 행한 연설에서 처음 사용했다.

금수산 기념궁전

"북한을 방문하시면 김일성 시신이 안치된 금수산 기념궁전을 방문해야 한다고 요구하고 있습니다. 그래서 제가 남쪽 국민들의 정서상 금수산 궁전 방문은 어렵다고 하니까, 대통령님이 베트남에 가셨을 때 호치민 주석 시신이 안치된 곳에도 참배를 하지 않았냐고 하더군요. 그러면서 남쪽 국민들 정서만 생각하고 우리 북쪽 주민들 정서는 생각 안 하냐고……."

김대중은 가슴이 철렁 내려앉는 듯했다. 김일성 조문 문제는 남한 사회에서 매우 민감한 문제였다. 예의상 그곳을 조문하더라도 6·25전쟁을 일으킨 장본인의 시신을 참배하는 게 말이 되느냐며 남쪽의 보수 세력들이 난리를 칠 게 불을 보듯 훤했다. 그렇게 되면 역사적인 남북정상회담이 잘 치러지더라도 의미가 퇴색될 수밖에 없는 노릇이었다. 평양 공항에 거의 다 이르도록 김대중은 그 생각에서 헤어 나오지 못했다.

김정일이 공항에 나온 까닭

대통령 전용기가 서울을 이륙한 지 1시간 10분 만에 평양 순안 공항에 착륙했다. 비행기 문이 열리고 대통령 내외가 모습을 드러냈다. 김대중은 트랩을 내려오기 전에 잠깐 북한의 첫 풍경을 휘 한 번 둘러봤다. 그런데 트랩 아래에 김정일이 서 있었다.

전혀 예상 밖의 마중이었다. 여태껏 김정일이 직접 공항에 나와 국빈을 맞은 예가 없었다. 게다가 김정일이 생방송으로 서방 세계에 보도되는 것 또한 처음 있는 일이었다.

김대중과 김정일의 역사적인 첫 만남

김대중은 한 발 한 발 조심스레 비행기 트랩을 내려섰다. 그리고 마침내 두 사람은 마주 서서 서로의 손을 굳게 맞잡았다.

"반갑습니다."

"오시느라 고생 많으셨습니다."

분단 55년 만에 남과 북의 두 정상이 만나는 역사적인 순간이었다. 그 시각 전 세계의 시선은 이 두 사람의 만남에 쏠려 있었다. 두 정상이 어떤 대화를 나눌지는 다음 문제였다. 만남 자체가 세기의 사건이었던 것이다. 서울 롯데호텔의 프레스센터에서 상황을 지켜보던 1천여 명의 내외신 기자들은 김대중과 김정일 두 사람이 반갑게 악수하는 순간, 환호성을 지르며 모두 일어나 박수를 쳤다.

서로의 손을 굳게 맞잡은 남북 정상

김대중은 국가 원수를 예우하는 의장대 사열을 받고 북쪽이 준비한 승용차에 몸을 실었다. 그런데 다시 한 번 깜짝 놀랄 일이 벌어졌다. 김대중이 탄 차에 김정일도 함께 올라탔기 때문이었다. 그렇게 두 사람의 정상회담은 계획에 없던 승용차 안에서 시작됐다. 통역이 필요 없기에 가능한 일이었다.

김대중과 김정일 두 정상을 태운 승용차가 평양 시내를 돌아 숙소인 백화원에 오는 동안 60만 명에 이르는 시민들이 길가에서 연홍색 꽃술을 흔들며 환영했다. 숙소인 백화원 영빈관에 마주 앉은 두 사람은 상견례를 겸한 간단한 회담을 가졌다.

"대통령님 비행기 타시는 거 텔레비전으로 보고 저도 공항에 나갔습니다. 동방예의지국의 예의를 다해 모시겠습니다."

"서울과 평양의 날씨가 좋아서 좋은 결과를 예견해 주는 것 같습니다. 환대에 감사드립니다."

"김 대통령님이 어려운 결단을 내려 이렇게 오신 덕분에 지금 세계가 지켜보고 있습니다. 2박 3일 안에 오신 까닭을 명확히 말씀해 주셨으면 합니다."

두 사람은 격이 없이 이야기를 주고받았다. 김정일은 밀사의 보고대로 소탈하고 시원시원한 성격의 소유자였다. 그간 김정일에 대한 이런저런 부정적인 정보로 인해 마음을 졸였는데, 일단은 그 부분에서는 안심해도 좋을 것 같은 생각이 들었다.

평양 시민들의 열렬한 환영 물결

남과 북의 통일을 위한 노력

6·15남북공동선언은 어느 날 갑자기 하늘에서 뚝 떨어진 것이 아니다. 김대중 정부 이전부터 남과 북은 한반도의 평화 통일을 위한 정부 당국 간 회담을 진행해 왔다. 박정희 정권 시절인 1972년 7월 4일, 남북은 역사적인 7·4남북공동성명을 발표했다. 이때 남북은 한반도 통일은 자주, 평화, 민족대단결이라는 세 가지 원칙 아래서 이뤄져야 한다고 합의했다.

하지만 7·4남북공동성명 이후 남한에서는 박정희 정권이 유신 독재를 실시했고, 북한에서도 사회주의 체제를 강화했다. 이렇듯 7·4남북공동성명은 본래 취지를 살리지 못하고 남북한 정권이 독재 권력을 강화하는 데 이용됐다는 비판을 받는다. 하지만 이때 합의한 원칙은 이후 남북 대화의 기본 지침으로 자리 잡아, 1991년 남북기본합의서가 맺어질 때 활용되었으며, 2000년 6·15남북공동선언에서도 통일을 이루기 위한 기본 원칙으로 재차 확인되었다.

마라톤 회의 끝 합의문에 서명

둘째 날 김정일이 백화원을 찾아왔다. 워낙은 북한 최고 지도자가 있는 곳에서 정상회담을 하는 것이 관례지만, 그걸 깨고 김대중이 묵고 있는 숙소로 직접 찾아온 것이다. 이날도 김정일은 시종 농담을 섞어 가며 활달하게 분위기를 이끌었다.

"구라파 사람들이 나보고 은둔 생활을 한다는데, 저는 중국도 갔고, 인도네시아도 갔고, 비공식적으로 다른 외국도 많이 갑니다. 아무튼 이번에 김 대통령님이 오셔서 저를 은둔에서 해방시켜 주셨습니다. 하하."

휴식 시간까지 가지며 역사상 전례가 없는 긴 정상회담이 진행됐다. 회담은 순조로웠다. 두 사람의 웃음소리가 회담장 밖으로 흘러나올 정도로 분위기가 화기애애했다.

두 사람은 박정희 정부 시절의 7·4남북공동성명과 1991년 남북기본합의서 내용에 준하는 대로 남과 북의 화해와 통일 문제, 남북 긴장 완화와 평화 정착의 문제, 그리고 이산가족 상봉과 사회 각 분야의 교류에 관한 내용에 합의했다.

합의서에 김정일 위원장의 답방 내용을 넣는 문제로 약간의 이견이 있었지만, 적절한 시기에 서울을 방문한다는 식으로 해결하고 넘어갔다. 그런데 뜻하지 않은 문제가 발생했다. 합의문에 누구의 이름으로 서명하느냐는 것이었는데, 이 문제에 대해서만큼은 이제까지와 달리 김정일이 고집을 부렸다.

"공화국 최고 기구인 조선노동당 중앙위원회 비서와 대한민국 국가정보원장 이름으로 하십시다."

"안 됩니다. 김 위원장과 내 이름으로 서명해야 합니다. 우리 이름으로 하지 않으면 용을 그려 놓고 눈을 그리지 않는 거나 마찬가지입니다."

김정일도 물러서지 않았다.

"7·4남북공동성명 때도 실무 책임자였던 이후락과 김영주 이름으로 서명하지 않았습니까."

잠시 침묵이 흘렀다. 김대중은 남북 최고 지도자의 이름으로 서명을 해 놓지 않으면 내용을 실천하는 데 한계가 있다고 생각했다. 김대중은 순간 기지를 발휘했다.

"그때는 이후락 정보부장이 북에 왔지만 지금은 대통령인 내가 직접 오지 않았습니까."

"전라도 고집이 세다더니, 제가 졌습니다. 하하."

그렇게 해서 남북정상회담은 모든 절차를 마무리했다. 하지만 지금이라도 김 위원장이 김 대통령에게 금수산 기념궁전에 가자고 소매를 끄는 상황이 발생하면 모든 게 뒤집어질지도 모르는 일이었다. 그런데 천만다행히 그런 일은 벌어지지 않았다. 아침까지만 해도 금수산 기념궁전 참배를 요구하던 북쪽이 그새 태도를 바꾼 것이다.

한반도 통일의 출발점이 될 것

회담이 늦어져 저녁 만찬이 한 시간 늦게 시작됐다. 만찬장은 잔치 분위기였다. 참석한 모든 사람들이 두 정상의 역사적인 합의를 축하했다. 만찬에 참석한 남쪽의 시인 고은은 그 자리에서 즉흥시를 낭송했다.

"아, 이 만남이야말로/이 만남을 위해 여기까지 온/우리 현대사 백 년 최고의 얼굴이 아니냐."

만찬이 끝나고 김대중과 김정일이 다시 회담장으로 들어섰다.

손을 맞잡고 노래 부르는 두 정상
2000년 6월 15일 평양에서 역사적인 남북 공동선언을 발표한 뒤 두 정상이 손을 맞잡고 〈우리의 소원은 통일〉을 부르며 기쁨을 나누고 있다.

준비한 합의문에 서명을 하기 위해서였다. 두 사람은 합의문 서명 자리에 자신의 이름을 적었다.

남북공동선언

1. 남과 북은 나라의 통일 문제를 그 주인인 우리 민족끼리 서로 힘을 합쳐 자주적으로 해결해 나가기로 하였다.

2. 남과 북은 나라의 통일을 위한 남측의 연합제 안과 북측의 낮은 단계의 연방제 안이 서로 공통성이 있다고 인정하고, 앞으로 이 방향에서 통일을 지향시켜 나가기로 하였다.

3. 남과 북은 올해 8·15에 즈음하여 흩어진 가족, 친척 방문단을 교환하며, 비전향 장기수 문제를 해결하는 등 인도적 문제를 조속히 풀어 나가기로 하였다.

4. 남과 북은 경제 협력을 통하여 민족경제를 균형적으로 발전시키고 사회, 문화, 체육, 보건, 환경 등 제반 분야의 협력과 교류를 활성화하여 서로의 신뢰를 다져 나가기로 하였다.

5. 남과 북은 이상과 같은 합의 사항을 조속히 실천에 옮기기 위하여 빠른 시일 안에 당국 사이의 대화를 개최하기로 하였다.

노벨평화상 수상 후 연설하는 김대중

민주주의와 통일을 향한 40년, 한국인 첫 노벨상 수상

남북정상회담 이후 김대중은 민주주의와 인권을 향한 노력과, 남북정상회담으로 한반도 평화 정착에 기여한 공로를 인정받아 그해 12월 노벨평화상을 수상했다. 이에 대해 김대중을 반대하는 사람들은 "로비를 벌여 노벨상을 탔다."며 한국 첫 노벨상 수상자에 대한 가치를 깎아 내리려 애썼다. 이에 대해 노벨상 집행위원장은 "결코 가능한 일이 아니다."며 "오히려 노벨상을 주지 말라는 로비가 있었다."고 발표했다. 대한민국 현대사의 산증인인 김대중은 2009년 5월 23일 노무현 대통령이 서거하고 석 달 뒤인 8월 18일에 세상을 떠났다. 남북정상회담의 파트너였던 북한 김정일도 2년 뒤인 2011년 12월 17일 역사의 뒤안길로 사라졌다.

2000년 6월 15일
　대한민국 대통령 김대중·조선민주주의인민공화국 국방위원장 김정일

6·15남북공동선언 후 손을 치켜든 두 정상
남북 두 정상은 6월 13일부터 15일까지 2박 3일간 이뤄진 남북정상회담 기간 동안 여러 차례에 걸쳐 이렇게 두 손을 맞잡았다.

　시간이 어느새 자정을 향해 가고 있었다. 역사적인 첫 남북정상회담의 마침표가 찍히는 순간이었다. 회담장은 다시 한 번 축제 분위기로 달아올랐다. 기자들은 세기의 뉴스를 자국에 타전하느라 분주했다. 세계 언론은 즉각 환영 논평을 내놓았다.
　"이번 남북정상회담은 남한과 북한이 미, 일, 중, 러 간섭에서 자신의 운명에 대한 통제권을 되찾을 기회다."-《파이낸셜타임즈》
　"남북정상회담은 1970년 동서독 정상의 만남에 비견되는, 한반도 통일의 출발점으로 여겨질 것이다."-《남독일신문》
　다음 날, 김정일은 다시 한 번 공항까지 나와 서울로 떠나는 김대중을 배웅했다. 비행기에 오르기 전 두 정상은 뜨겁게 포옹했다.
　"서울에서 다시 만납시다."
　그리고 잠시 뒤 대통령 전용기가 평양 공항을 힘차게 날아올랐다. 2000년 6월 15일 오후 4시 15분. Ⓗ

남북정상회담 소사(小史)

남북정상회담이 구체적으로 논의되기 시작한 건 전두환 군사독재 시절 때부터다. 북한 김일성이 정상회담에 긍정적인 반응을 보이자 전두환도 정상회담을 물밑으로 추진했지만, 실제로 정상회담이 이뤄지지는 않았다. 이후 노태우 정부 때도 정상회담이 추진됐으나 역시 실현되지 못했다. 그러다가 김영삼이 남북정상회담에 적극적으로 나섬으로써 1994년 7월 25일 정상회담을 하기로 합의했다. 하지만 7월 8일 김일성이 갑자기 사망하는 바람에 또다시 정상회담은 실현되지 못했다. 그러다가 다음 정권인 국민의 정부에서 김대중이 취임사와 3·1절 기념사, 그리고 베를린선언을 통해 정상회담에 강한 의지를 보임으로써 마침내 분단 55년 만에 역사적인 남북정상회담이 성사됐다. 이후 참여정부 때 노무현은 "6·15남북공동선언을 즉각 구현해 나간다."는 내용으로 2007년 10월에 제2차 남북정상회담을 열었다. 이때 노무현은 남한 대통령으로는 처음으로 걸어서 군사분계선을 넘어 북한을 방문하는 기록을 남겼다. 이후 북한에 대해 강경한 정책을 펴 오던 이명박 정부 때도 남북정상회담을 추진했으나 실현되지는 못했다.

화해시대 생활정보

남북정상회담 뒤
이렇게 달라져요

남북정상회담은 우리 사회에 어떤 변화를 가져올까. 당장 통일이 되진 않겠지만 정상회담으로 적잖은 변화가 예상된다. 남북정상회담 이후 달라지는 변화들을 짚어 본다.

대남 비방 방송 중단

2000년 6·15남북공동선언 이후 대남 비방 방송이 사라진다. 그동안 북한은 휴전선 지역에 대형 스피커를 설치하고 남한을 비방하는 방송을 해 왔다. 1974년 7·4남북공동성명 합의 때도 잠깐 중단된 적이 있지만, 그 뒤 관계가 또다시 틀어지면서 줄곧 대남 비방 방송을 해 왔다. 이제 휴전선 지키는 우리 국군 아저씨들 밤에 잠 좀 편하게 자게 생겼네.

남북 이산가족 방문 교환

KBS 이산가족 찾기 특별 생방송 이후 한 차례 이뤄졌던 이산가족 고향 방문단 교환이 이번 남북정상회담을 계기로 다시 추진된다. 올해 2000년 8월 15일부터 서울과 평양에서 남북이산가족 교환 방문이 이뤄진 이후 2010년까지 모두 18차례 상봉이 이뤄질 전망이다. 아울러 화상 상봉과 편지 교환도 함께 이뤄진다. 더 늦기 전에 더 많은 이산가족 상봉을 기대합니다~.

비전향 장기수 북으로

6·25전쟁 때 참전했거나, 무장 게릴라로 활동했거나, 남한에 간첩으로 침입했다가 포로로 잡힌 장기수들이 북으로 보내진다. 남북정상회담 합의에 따라 2000년 9월 비전향 장기수 63명이 북으로 갔다. 비전향 장기수 중에는 40년 넘게 남한 감옥에서 복역하던 수감자도 있었는데, 이들은 자기가 가진 사상을 버리지 않아 그토록 오랜 세월을 감옥에서 지내야 했다.

경의선 철도 복원

분단 이전에 서울에서 신의주까지 달리던 경의선 철도가 복원된다. 신의주까지 복원되는 건 아니고 우선 남한 쪽 문산역에서 북한 쪽 판문점역까지만 복원된다. 이에 따라 2007년 남한의 문산과 북한의 개성을 잇는 철도를 시험 운행 한다. 이제 머잖아 경의선 타고 신의주 거쳐 압록강 건너 유럽까지 여행하는, 대륙 열차 여행 상품도 나오겠군.

금강산, 버스 타고 가세요

1998년 동해에서 배를 타고 금강산을 관광하던 시대에서 이제 육로로 버스를 타고 금강산을 가는 시대가 열린다. 육로로 금강산을 여행하는 상품은 2003년부터 판매될 예정. 육로 관광은 시간과 비용을 절약할 수 있다는 장점뿐만 아니라, 철의 장막이던 비무장지대를 지나 북한 땅을 밟는다는 상징적 의미도 크다고 볼 수 있다. 이제 휴가는 버스 타고 금강산으로~.

개성 공단, 메이드 인 개성 제품 나와

남한의 자본과 북한의 노동력이 결합한 개성 공단이 준공된다. 2000년 8월 개성 공단 사업을 시작하여 2003년 주방기기 제조업체인 리빙아트에서 냄비 3종 세트를 첫 출시한다. 개성 넘치는 메이드 인 개성 제품, 기대하세요~.

속보! 남북 교류, 금강산 관광, 철도 전면 중단!

미안한 소식 하나. 2000년 남북정상회담의 성과로 남과 북 사이에 진행되던 교류와 협력이 무기한 연기된다. 대남 비방 방송이 다시 시작됐고, 이산가족 교환 방문 중단, 금강산 관광 중단, 경의선 철도 중단, 개성 공단 투자 금지 조치가 내려졌다. 이번 조치는 북한에 대해 강경 정책을 펴 온 이명박 정부 들어 금강산 관광객 피살 사건, 천안함 침몰 사건, 연평도 포격 사건이 터지면서 남북 관계가 급속히 냉각됐기 때문. 2013년부터라도 다시 교류가 이뤄졌으면……. Ⓗ

긴 급 대 담

통일은 꼭 해야 할까

● 한반도 통일은 우리 민족에게 너무 어려운 숙제다. 너무 어려워서 분단된 지 반세기가 지난 지금까지도 그 숙제를 풀지 못하고 있다. 어떻게 통일을 이뤄야 할 것이며, 또 통일은 꼭 필요한 걸까. 통일 전문가 두 분을 모시고 통일의 전망과 방법을 알아본다.

● **장소** 《특종! 20세기 한국사》 편집실
　참석 햇볕파, 폭풍파 통일 전문가
　사회 《특종! 20세기 한국사》 편집장

통일을 해야 하는 까닭

사회자 오늘은 좀 어려운 주제를 가지고 토론을 해 보겠습니다. 앞서 '20세기 핫이슈'에서 이산가족 찾기, 학생과 시민들의 통일 운동, 남북정상회담을 비롯한 정부의 여러 가지 통일 노력을 살펴봤습니다. 그렇다면 통일은 과연 필요한지, 필요하다면 어떻게 통일을 이루는 것이 좋은지에 대해서 토론을 해 보도록 하겠습니다. 먼저 통일, 필요한 걸까요?

햇볕파 두말하면 숨 가쁘죠. 그동안 남과 북이 분단 때문에 얼마나 큰 고통을 겪었습니까. 6·25전쟁으로 우리 동포 수백만 명이 목숨을 잃은 데다가 1천만이나 되는 이산가족이 생겨났습니다. 무엇보다 남과 북은 하나의 민족입니다. 분단은 우리 민족이 원해서 된 게 아닙니다. 그러니까 분단 이전 상태로 되돌려 놓는 게 너무나 당연한 일입니다.

폭풍파 저도 통일이 돼야 한다는 데는 공감합니다. 공산 치하에서 죽도록 고생하는 북한 주민들 생각하면 아주 불쌍해서 잠이 안 옵니다. 이들을 해방시키기 위해서라도 하루빨리 통일이 돼야 한다고 생각합니다.

사회자 우리끼리 잘살면 되지 통일을 왜 하냐는 분들도 적지 않은 것 같은데, 두 분은 모두 통일이 필요하다는 데는 공감하시는 것 같군요. 그렇다면 이렇게 절실한 통일이 왜 여태 안 되고 있는 걸까요?

통일이 안 되는 까닭

폭풍파 그야 두말할 필요도 없이 오로지 한반도 적화통일만 바라는 북한 공산당의 호전적인 태도 때문이지요.

햇볕파 물론 북한 정권 때문에 통일이 어려운 건 사실입니다. 하지만 그뿐만이 아니라 남한 내 통일을 바라지 않는 기득권 세력 탓도 큽니다. 이들은 지금처럼 기득권을 유지한 채 쭉 가기를 바랍니다. 그리고 역대 독재 정권은 정권을 유지하기 위해 분단 상황을 악용해 왔습니다. 그래서 독재에 저항하는 세력한테도 남북이 분단된 상황에서 나라를 혼란에 빠뜨린다는 구실로 탄압을 일삼기 일쑤였죠. 그러니 독재 정권한테는 남북 분단이 독재를 유지하는 데 더없이 좋은 조건이었지요. 마지막으로 주변 강대국인 미국, 중국, 일본도 한반도가 어느 한 쪽으로 통일되기보다 지금 같은 분단 상태로 유지되기를 바라고 있습니다. 이 모든 상황들이 얽히고설켜서 한반도 통일을 어렵게 하고 있는 것입니다.

사회자 조금 어려운 말씀을 해 주셨네요. 그렇다면 통일을 하는 데 실질적인 어려움은 어떤 게 있을까요?

폭풍파 무엇보다 통일을 하는 데 드는 비용이 큰 문제입니다. 제가 통일 전문가로서 독일을 좀 가 봐서 아는데요, 독일 통일 당시 어마어마한 비용이 들었습니다. 당시 서독이 동독보다 두 배쯤 잘 살았다고 해요. 그런데도 엄청난 돈이 들었는데, 지금 남과 북의 경제 차이가 스무 배 가까이 된다는데, 그 격차를 메우려면 얼마나 많은 돈이 필요하겠습니까. 지금 남한에서도 복지 정책이다 뭐다 해서 나라 살림이 거덜 나게 생겼는데, 통일되면 북한 복지까지 어떻게 다 챙길 겁니까.

햇별파 독일 어디를 갔다 오셨는지 모르겠습니다만, 아시는 것과 많이 다릅니다. 물론 통일을 하는 데 돈이 드는 건 사실입니다. 그런데 제가 아는 독일인이 그러더라고요. 분단을 유지하는 데 드는 비용은 생각 안 하냐고요. 지금 남과 북 모두 분단 상태를 유지하느라 국방비 같은 돈이 엄청나게 들어가고 있습니다. 이 분단 비용이 결코 통일 비용보다 적다고 할 수 없습니다. 그리고 독일은 통일 이후에 조금 힘들었던 것도 사실이지만, 21세기 들어 세계 최대 경제 대국이 됐습니다.

사회자 독일 말씀을 해 주셨는데, 통일이 되면 어떤 점이 좋아질까요? 너무 오래 나뉘어 살아와서 남과 북이 하나가 되면 사회적으로도 큰 혼란이 생길 것 같은 생각이 드는데…….

햇별파 물론 처음엔 여러 가지 혼란도 생기겠죠. 그렇다고 "구더기 무서워 장 못 담글까." 하는 말도 있듯이, 혼란을 두려워해서 통일을 하지 않겠다는 건 말이 안 됩니다. 독일도 했는데 우리라고 못하란 법 있습니까. 통일이 되면 남한이 가진 것과 북한이 가진 것을 합쳐 더 큰 것을 이룰 수 있습니다. 가령, 개성 공단처럼 남한의 자본력과 북한의 노동력을 합쳐 경제를 발전시킬 수 있고요, 전쟁 불안이 없어지면 외국 기업들도 우리나라에 더 많은 자본을 투자할 겁니다. 그리고 북한에 있는 막대한 지하자원도 개발할 수 있고, 더 많은 외국 관광객을 끌어들일 수도 있습니다. 길게 얘기할 것 없이 통일되면 땅 덩어리 커지고 인구도 늘어나 그만큼 국력도 커지는 거지요.

사회자 그렇다면 어떻게 통일을 이룰 수 있을지 말씀해 주시죠.

통일은 어떻게 이룰 수 있을까

폭풍파 의외로 쉬울 수 있습니다. 통일에 가장 걸림돌이 되는 북한 정권이 무너지면 됩니다.

햇볕파 아니, 전쟁이라도 하자는 겁니까? 전쟁이 아니고서야 그게 그렇게 쉬운 일이 아닙니다.

폭풍파 아니, 제가 언제 전쟁하자고 그랬습니까. 무너지면 된다고 했죠. 저는 북한 정권이 오래 못 갈 거라고 봅니다. 그때까지 북한을 압박하고 경제적으로 봉쇄해서 북한 정권이 무너지게 만들어야 합니다. 결코 전쟁을 하자는 게 아닙니다. 그렇게 해서 북한이 무너지면 우리가 북한을 접수하면 되는 겁니다.

햇볕파 흡수통일을 말씀하시는 것 같은데요. 결코 바람직하지 않은 방법입니다. 김영삼 정부 때나, 이명박 정부 때 그 생각만 하다가 남북 관계가 엉망이 되지 않았습니까. 제가 볼 땐 북한이 그리 쉽게 무너질 것 같지도 않고, 설사 그렇게 된다 하더라도 우리가 북한을 차지한다는 보장이 없습니다. 왜냐하면 중국이 그런 상황을 강 건너 불구경하듯 가만있겠습니까. 게다가 휴전협정 때문에 우리가 북한 땅을 마음대로 차지할 수도 없습니다.

폭풍파 그럼 뭘 어떡하자는 겁니까?

햇볕파 아주 간단합니다. 서독이 동독에 그랬던 것처럼,

남한도 북한에 포용정책을 펼쳐야 합니다. 포용정책을 통해 북한이 개혁과 개방을 하도록 도와주어야 합니다. 그렇게 되면 남과 북이 지속적으로 교류하고 왕래하겠죠. 그런 신뢰를 바탕으로 7·4남북공동성명 때 합의한 대로 남과 북이 자주적이고 평화적인 방법으로 민족이 대단결해서 통일을 이루면 되는 것입니다.

폭풍파 말처럼 쉬우면 왜 여태 통일이 안 됐겠습니까. 북한은 말로는 안 된다니까요.

사회자 이러다가 두 분 싸우겠습니다. 오늘 통일 전문가를 모시고 왜 통일을 해야 하는지, 어떻게 통일을 이뤄야 하는지 말씀 나눠 봤습니다. 무엇보다도 통일은 우리 민족이 반드시 해결해야 할 과제라는 것, 그리고 평화적인 방법으로 해야 한다는 것을 말씀드리면서 이만 대담을 마치겠습니다. 고맙습니다. Ⓗ

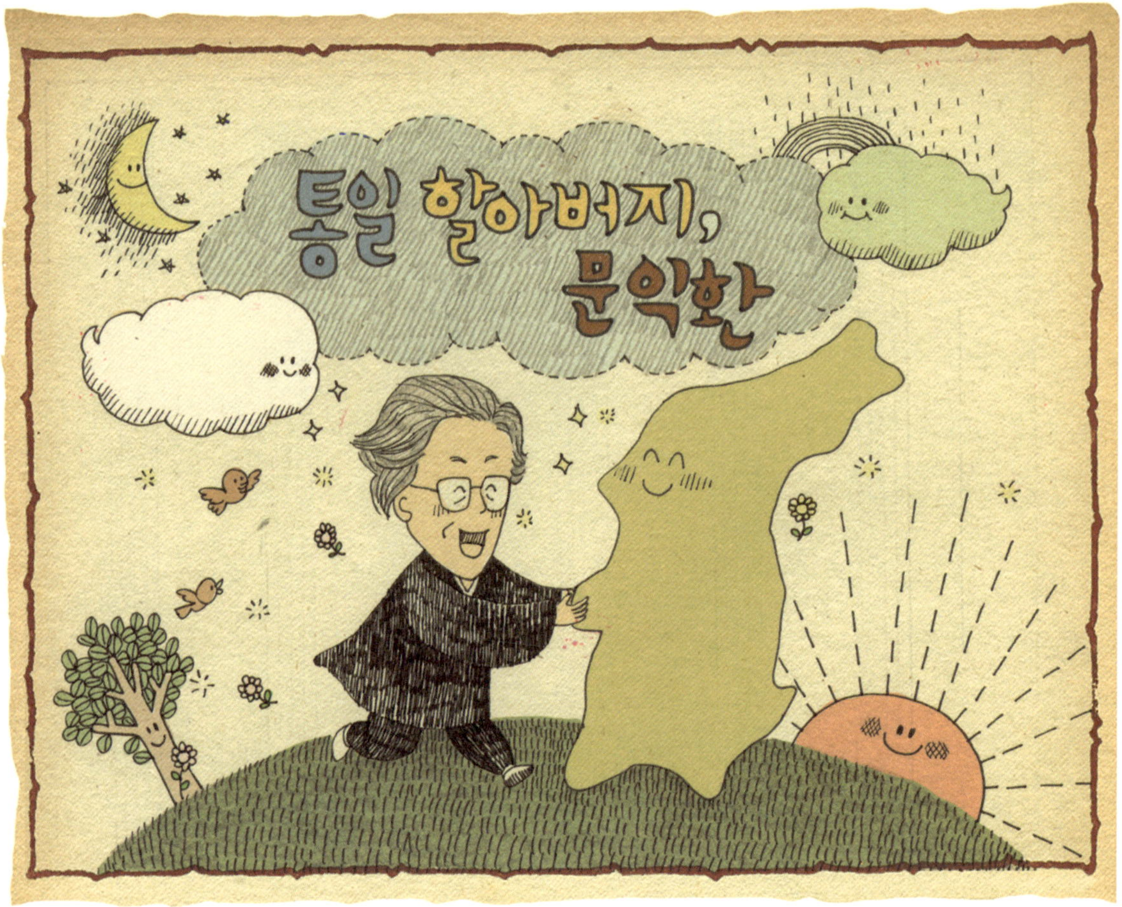

만화로보는 20세기 한국사 명장면

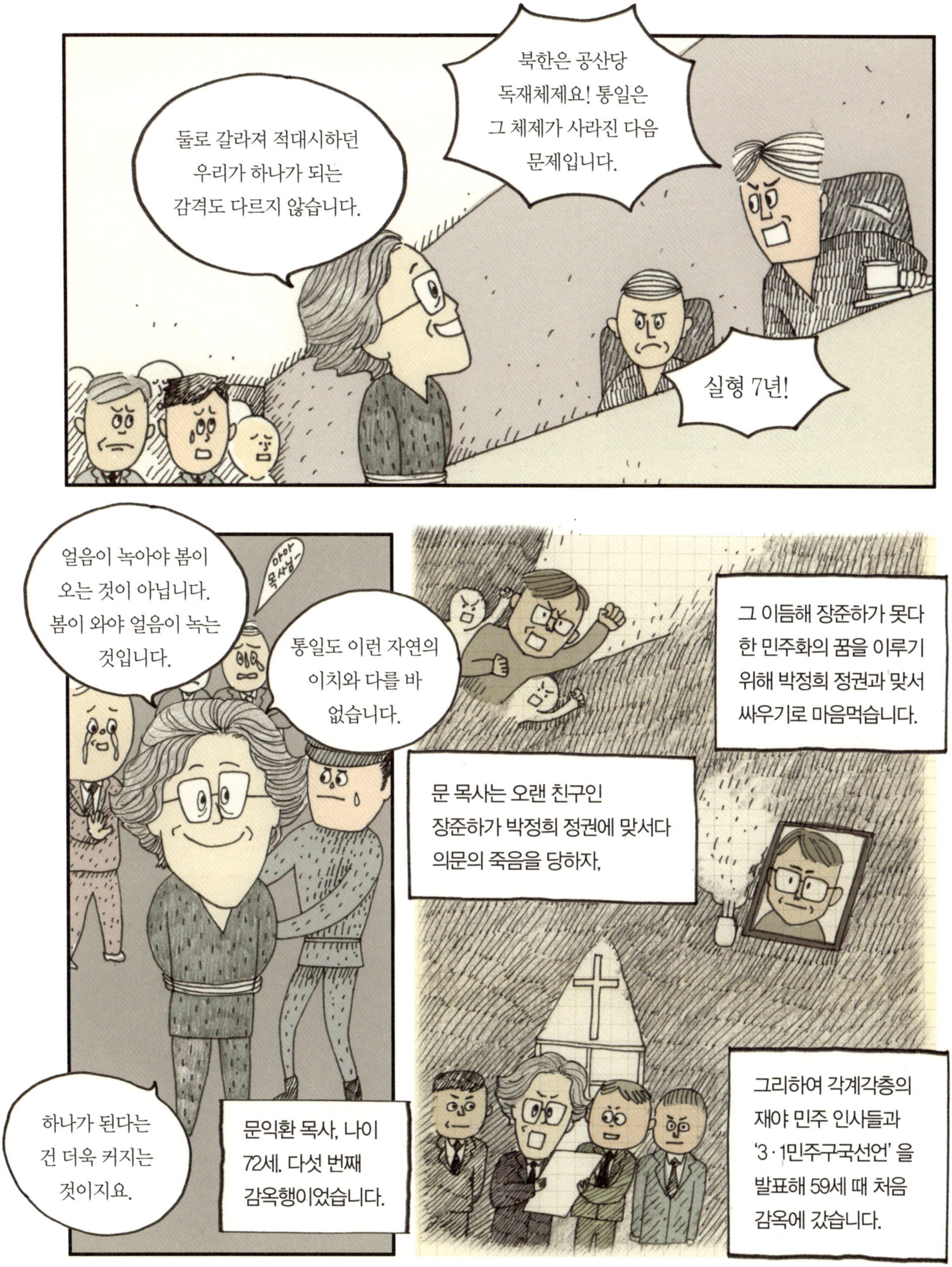

개똥 같은 내일이야
꿈 아닌들 안 오리오마는
조개 속 보드라운 살 바늘에 찔린 듯한
상처에서 저도 몰래 남도 몰래 자라는
진주 같은 꿈으로 잉태된 내일이야
꿈 아니곤 오는 법이 없다네

그러니 벗들이여!
보름달이 뜨거든 정화수 한 대접 떠 놓고
진주 같은 꿈 한자리 점지해 줍시사고
천지신명께 빌지 않으려나!

(중략)

그 소식을 듣고 수많은 사람들이 달려나와 슬픔의 눈물을 흘리며 문 목사의 마지막 길을 함께했습니다.

벗들이여!
이런 꿈은 어떻겠소?
155마일 휴전선을
해 뜨는 동해 바다 쪽으로 거슬러 오르다가 오르다가
푸른 바다가 굽어보이는 산정에 다달아
국군의 피로 뒤범벅이 되었던 북녘 땅 한 삽
공산군의 살이 썩은 남녘 땅 한 삽씩 떠서
합장을 지내는 꿈,
그 무덤은 우리 5천만 겨레의 순례지가 되겠지.
그 앞에서 눈물을 글썽이다 보면
사팔뜨기가 된 우리의 눈들이 제대로 돌아
산이 산으로, 내가 내로, 짐승이 짐승으로,
사람이 사람으로 제대로 보이는
어처구니없는 꿈 말이외다.

- 문익환, 〈꿈을 비는 마음〉 중에서

풍경과 사람

1997년 겨울, IMF의 거리

1997년에서 98년으로 넘어가는 대한민국의 풍경이 참으로 애처롭기 그지없다. 굴지의 기업이 잇따라 위기를 맞으면서 직장을 잃고 거리로 내몰린 가장들이 갈 곳을 몰라 헤매고 있다. 20세기 말, 날개를 잃고 추락하는 대한민국의 슬픈 초상을 들여다본다.

오락실로 출근하는 한병국 씨

올 겨울은 유난히 추운 것 같다. 북태평양에서 발달한 고기압이 며칠째 한반도 상공을 뒤덮고 있어서일까. 아니면 IMF 구제금융 사태로 나라 경제가 얼어붙어서일까. 이런저런 생각을 하며 편집실에 죽치고 있는데, 데스크(편집장)가 난리를 친다.

"기사는 발로 쓰는 거 몰라. 지금 IMF사태로 온 나라가 난린데, 한가하게 책상머리나 지키고 있으면 뭘 어쩌자는 거야!"

그림/김소희

아, 언제는 힘들게 기사 써서 가져갔더니 "기사를 발로 썼냐?"고 집어 던지더니, 이젠 또 기사는 발로 쓰는 거란다. 하는 수 없이 카메라를 챙겨 들고 무작정 편집실을 나왔다. 편집실을 나와 회사에서 조금 떨어진 오락실로 직행했다. 스트레스 받을 땐 오락 한 판이 최고니까.

오전인데도 오락실에는 넥타이를 맨 직장인들이 심심찮게 눈에 띄었다. 어느 때부턴가 이런 풍경이 낯설지 않다. 직업 정신인지는 몰라도 문득 내 옆에서 오락에 열중하고 있는 한 남성에게 말을 붙였다. 그의 이름은 한병국(가명).

며칠 전까지만 해도 한병국 씨는 어엿한 대기업의 과장이었다. 그런데 IMF 경제 위기로 회사가 부도나는 바람에 직장에서 해고가 되었고, 그 사실을 아직 가족들도 모르고 있었다. 그래서 집에다가는 출근한다고 나와서는 이리로 오는 거였다.

한병국 씨는 오늘처럼 날씨가 춥거나 마음이 싱숭생숭할 때는 오락실이나 만화방으로, 햇볕이 나는 날이면 가까운 남산으로 가서 시간을 때운다. 남산에도 한병국 씨처럼 정장 차림으로 어슬렁거리는 사람들이 꽤 많다.

인터뷰를 마치고 오락실을 나오는데, 때마침 요즘 유행하는 노래가 흘러나왔다. 시험을 망친 여학생이 오락실에 갔다가 그곳에서 오락을 하고 있는 아빠를 봤다는 내용이었다. 방금 전 내가 본 풍경과 딱 맞아떨어지는 노래라 왠지 가슴이 찡했다.

직장 잃은 사람들, 노숙자로 전락

거리에는 찬바람이 몰아쳤다. 추위를 피해 지하도로 내려섰다. 지하도는 바깥보다는 훨씬 훈훈했다. 지하도를 걸으며 생각했다. 어쩌다 우리나라가 이 지경이 됐을까.

1997년부터 말레이시아와 홍콩 등에서 외환 위기가 발생했다.

주식이 폭락하고 외국 자본이 빠져나가자 국가 부도 사태로 이어졌다. 그 여파가 우리나라에까지 미쳐 국내 주식 시장에 투자했던 외국 자본가들이 잽싸게 달러를 챙겨 자기네 나라로 돌아갔다. 그러자 달러로 빚을 갚아야 하는 우리 정부나 기업들이 헤어날 수 없는 깊은 늪에 빠져 허우적거렸다.

지하도에 모여든 노숙자들
지하도에 추위를 피해 들어온 노숙자들이 잠들어 있다.

그 바람에 직장인들은 하루아침에 실직자가 되고, 물가도 오르는 데다 은행 이자마저 배로 오르자 개인 파산자가 속출했다. 또한 달러 가치가 급등하여 해외에 있던 유학생들이 짐을 싸서 귀국하고, 입사 시험에 합격했던 사람들마저 취업이 취소되는 경우가 허다했다. 이러다 보니 대학생들은 너도나도 휴학하고, 뉴스에는 날마다 자살 소식 같은 어두운 소식들로 넘쳐났다.

지하도 곳곳에는 매서운 추위에 몸을 웅크리고 있는 노숙자들이 많이 눈에 띄었다. 이 또한 IMF사태가 불러온 또 다른 풍경이었다. 이전에는 노숙자 하면 집 없고 갈 곳 없는 부랑자들이 대부분이었는데, 요즘엔 직장을 잃고 노숙자 신세로 전락한 사람들이 부쩍 늘었다. 밤이 오면 지하도는 거대한 노숙자 숙소로 탈바꿈했다.

IMF사태로 빈부 격차 심화

IMF사태가 터진 건 김영삼 정부 말이었다. 김영삼 정부는, 암세포가 몸속 여기저기로 퍼진 뒤에야 암을 발견한 환자처럼, 나라가 망해 가는 줄도 모르고 있다가 IMF사태를 맞았다. 그리고 얼마 뒤 새로 정권을 인수한 김대중 정부 손으로 넘어갔다.

그해 12월에 대통령 선거에서 당선된 김대중은 곧바로 금 모으기 운동을 전개했다. 장롱 속에서 잠자는 금반지를 달러로 바꿔 나라 빚을 갚자는 거였다. 그렇게 모은 금으로 나라 빚을 다 갚지는 못했지만, 이 운동은 국민들의 의지를 한곳으로 모으는 데는 큰 효과를 거두었다.

금 모으기 운동에 동참한 김대중

마침내 IMF 탈출

2000년 12월 김대중 정부는 IMF에서 빌려 온 달러를 다 갚았다고 발표했다. 온 국민이 힘을 모아 국가 부도 위기는 넘겼지만, IMF사태 이후 노동자들은 언제 해고될지 모르는 불안감에 떨어야 했고, 빈부 격차는 더욱 심해져 갔다.

지하로 내려온 김에 지하철 3호선을 타고 강남으로 갔다. 강남 쪽 부동산 시장 취재를 위해 한 부동산 중개업소를 찾았다. 그곳에서 만난 장영자(가명) 씨는 얼굴 가득 화색이 돌았다. 사연을 들어보니 그럴 만도 했다.

IMF사태가 터지자 물건을 만들어 미국에 수출하는 장 씨의 남편 회사가 대박이 났다. IMF사태 전에는 물건을 100개 팔면 1억을 벌었는데, 지금은 달러 가치가 두 배로 뛰어 2억을 번다는 것이다. 덩달아 은행 이자마저 배로 뛰어 예금이 엄청 불어났다. 장 씨는 이렇게 번 돈으로 반값으로 떨어진 주식과 아파트를 사들였다.

장 씨는 머잖아 이 주식과 아파트 값이 두 배, 세 배로 뛸 거라며 좋아 죽겠다는 표정을 감추지 못했다. 한쪽에선 기업이 무너지고 가정이 파탄에 이르고 있는데, 또 다른 한쪽에선 늘어나는 재산을 주체 못하는 기이한 시대에 지금 우리가 살고 있는 것이다.

취재를 마치고 다시 전철을 탔다. 열차가 덜커덩거리며 한강철교 위를 지날 때 발밑으로 흐르는 한강을 내려다봤다. 일제강점기 때도 흘렀고, 한국전쟁의 소용돌이 속에서도 말없이 흘렀던 한강. 그 강이 IMF사태의 한복판을 지나는 20세기 말, 대한민국의 수도 서울을 반으로 가르며 유유히 흘러만 간다. Ⓗ

특파원리포트

BY AIR MAIL

세계는 지금

20세기 말 지구촌이 격랑에 휩싸였다.
소련과 동유럽의 사회주의 체제가 무너지고, 베를린장벽이 무너졌으며,
영국이 150년간 식민 통치 하던 홍콩을 중국에 반환했다.
빠르게 돌아가는 지구촌 소식을 현지 특파원이 생생하게 전한다.

BERLIN
GERMANY
1990

MOSCOW
RUSSIA
1991

HONG KONG
CHINA
1997

베를린장벽 붕괴, 그리고 통일

20세기 최대의 정치 이벤트가 독일에서 펼쳐졌다. 동서 냉전의 상징이었던 베를린장벽이 무너지고, 동서독으로 갈라졌던 독일이 마침내 통일을 이뤘다. 독일은 어떻게 통일을 이뤄 냈을까.

【독일 베를린】 1990년 10월 3일, 독일이 통일됐다. 1945년 제2차 세계대전 패배 이후 연합국에 의해 동서로 분단된 지 꼭 45년 만이다. 독일은 1989년 11월 9일 동서 냉전의 산물이자, 분단의 상징이었던 베를린장벽이 붕괴되면서 통일로 가는 아우토반(속도 무제한의 독일 고속도로)이 뻥 뚫렸던 것이다.

베를린장벽은 동독 정부에 의해 1961년부터 세워지기 시작했다. 동독이 베를린장벽을 세운 까닭은 수많은 동베를린 시민들이 자유를 찾아 서베를린으로 이주, 혹은 탈출을 했기 때문이다. 동독을 탈출하는 동독 주민이 늘어나자 동독은 체제를 유지하기 위해 서베를린을 사방으로 감싸는, 길이 155킬로미터, 높이 3.6미터의 장벽을 쌓았다. 이로써 동독 영토 안에 있던 서베를린은 사방이 콘크리트 장벽으로 둘러싸인 육지의 섬이 되고 말았다.

동독 총리 호네커는 베를린장벽을 두고 "앞으로 백 년 이상 유지될 거"라며 호언장담했음에도 불구하고 급작스레 무너지고 말았다. 베를린장벽이 무너지고 독일이 통일을 이룰 수 있었던 까닭을 한 국제 문제 전문가는 이렇게 진단했다.

"첫째는 서독의 총리였던 빌리 브란트의 동방 정책을 들 수 있습니다. 1970년대부터 빌리 브란트는 화해와 교류 정책을 밀고 나갔습니다. 이에 따라 동서독 사이에는 사람들의 왕래와 이주가 부분

참회하는 빌리 브란트
서독 총리 빌리 브란트가 1970년 폴란드 바르샤바를 방문해 유대인 학살 추모비 앞에 무릎을 꿇고 참회하고 있다.

베를린장벽 위에서 환호하는 독일 국민
독일은 베를린장벽 붕괴 후 1년 만에 예상 밖의 통일을 이루었다.

적이나마 이루어졌고, 편지와 전화도 가능했습니다. 둘째는 미국과 서방 세계의 지원과 동독 주민들의 자유에 대한 열망을 들 수 있습니다. 분단 이후 지금까지 수백만 명의 동독 주민이 서독으로 넘어갔고, 동독에 남아 있는 주민들은 민주화를 요구하는 시위를 벌였습니다. 그 결과 1989년 가을부터 라이프치히 등 동독 지역에서 대규모 촛불 시위가 일어나 베를린장벽을 무너뜨리는 데 큰 영향을 끼쳤습니다. 마지막으로 소련에서 고르바초프가 등장한 이래 냉전 구도가 완화되었고, 동유럽의 공산 국가들이 무너진 것도 베를린장벽 붕괴에 큰 기여를 했습니다."

베를린장벽이 무너졌다고 곧바로 통일이 될 거라고 생각한 사람은 그리 많지 않았다. 심지어 독일 통일의 아버지로 알려진 빌리 브란트 전 서독 총리도 "통일을 이루려면 앞으로 많은 시간이 필요할지도 모른다."고 했을 정도다. 하지만 베를린장벽 붕괴 후 1년 만에 독일은 통일을 이루었다. 갑작스런 통일에 대해 독일의 한 언론인은 이렇게 말했다. "중요한 건, 통일이 평화롭게 이루어졌다는 사실입니다."

독일 통일은 남북으로 분단된 우리에게도 시사하는 바가 크다. 통일이 어느 날 갑자기 도둑처럼 오든, 아니면 점진적으로 오든, 통일을 이룰 수 있는 만반의 준비를 해야 한다는 것이다. Ⓗ

독일, 분단에서 통일까지
1945년 연합국에 의해 동서로 분단
1949년 서독과 동독 각각 정부 수립
1961년 베를린장벽 구축
1989년 베를린장벽 붕괴
1990년 독일 통일

RUSSIA 1991 MOSCOW

소련 사회주의 붕괴, 20세기 말 최대 사건

레닌이 사회주의 혁명을 일으킨 지 74년 만에 소련 사회주의가 무너졌다. 그와 동시에 소련도 해체됐다. 소련의 몰락은 냉전 시대가 끝났음을 보여 준다.

고르바초프를 윽박지르는 옐친
1991년 8월 러시아 의회에서 옐친 러시아 대통령이 고르바초프 소련 대통령에게 메모를 건넨 뒤 낭독하라고 윽박지르고 있다. 고르바초프는 그해 말 소련 대통령직에서 사임한다.

【러시아 모스크바】1991년 12월 25일, 소비에트 사회주의 공화국 연방(줄여서 소련)의 고르바초프 대통령은 "소련은 완전히 해체되었으며, 본인은 대통령직에서 사임한다."고 발표했다.

소련이 해체됨에 따라 소련이라는 한 울타리에 묶여 있던 15개의 연방 국가들이 독립과 자유를 되찾게 됐다. 아울러 수십 년간 미국과 소련이 유지해 온 냉전 구도도 사실상 종결될 것으로 보인다.

소련의 해체라는 20세기 말 지구촌 최대의 충격적 사건이 터진 배경은 무엇일까. 먼저 고르바초프라는 한 인물의 등장을 들 수 있다. 1985년 소련 공산당의 제1인자 자리에 오른 고르바초프는 가장 먼저 소련의 페레스트로이카(개혁)를 주창했다. 그가 개혁을 주창하고 나선 까닭은 개혁을 하지 않고는 도저히 나라를 더 이상 끌고 갈 수 없다고 판단했기 때문이다.

사회주의 혁명 이후 소련은 일당 독재에 일인 독재 체제가 굳어지면서 오히려 생산성이 저하되고, 자유를 억압당한 국민들은 생기를 잃어 갔다. 아울러 미국과 무리한 경쟁을 일삼다 보니 나라 살림이 극도로 피폐해졌다. 고르바초프는 이 같은 위기를 극복하기 위해 개혁을 추진했지만, 오히려 소련 붕괴라는 역효과를 가져왔다. 20세기 내내 사회주의 종주국으로서 소련이 해 왔던 역할은 이제 중국이 대신할 것으로 전망된다. Ⓗ

【사회주의 혁명에서 붕괴까지 핵심 요약】

Q 사회주의는 뭐고, 사회주의 혁명은 또 뭔가?

사회주의는 생산과 소비를 국가가 관리하는 체제로, 공산주의와 비슷하다고 보면 된다. 사회주의 혁명은 1917년 레닌이 노동자 계급을 중심으로 러시아 구체제를 무너뜨리고 사회주의 국가를 만든 걸 말한다.

Q 소련이 해체됐다는 건 무슨 뜻인가?

레닌이 사회주의 혁명에 성공한 이후 러시아와 그 위성 국가들은 소련이라는 연방 국가 체제로 묶여 있었다. 그런데 소련이 사회주의를 포기하고 각 민족의 독립을 인정함에 따라 소련이 러시아, 우크라이나, 우즈베키스탄 등 15개의 국가로 분리, 독립됐다는 뜻이다.

Q 소련 붕괴가 몰고 온 파장이 무척 클 것 같은데.

그렇다. 첫째, 소련처럼 사회주의 국가였던 동유럽의 헝가리, 폴란드, 체코, 루마니아, 불가리아 등에서 공산당 일당 독재가 무너지고 자유주의 체제가 들어서게 됐다. 둘째, 소련 붕괴 과정에서 베를린 장벽 붕괴에 이어 독일이 통일하는 데 큰 기여를 했다. 셋째, 소련 사회주의를 이상적인 사회로 삼아 민주화 운동과 노동 운동을 해 온 한국의 좌파 운동 세력한테도 큰 영향을 줄 것으로 보인다.

Q 그렇다면 이제 지구상에서 사회주의 정치 실험은 완전히 끝난 건가?

그렇지는 않다. 인간 평등에 바탕을 둔 사회주의 이념은 무한 경쟁과 승자 독식이 판치는 자본주의의 모순을 보완하는 구실을 하게 될 것이다. 그리고 중국, 쿠바, 북한 등은 여전히 사회주의 체제를 고수할 것이며, 남아메리카와 유럽의 많은 나라들에서는 사회주의의 요소인 복지 정책을 교육, 의료, 주거로 점차 확산시켜 가고 있다.

홍콩, 150년 만에 중국 품으로

청나라 때 영국에 넘어갔던 홍콩이 중국에 반환됐다. 명나라 때 포르투갈에 내줬던 마카오도 반환됐다. 홍콩과 마카오의 반환은 아시아에서 서구 열강의 식민지 역사가 끝났음을 의미한다.

홍콩 주권 이양식
1997년 7월 1일, 중국 인민해방군 군악대의 국가가 연주되는 가운데 중국 국기 홍기가 게양되고 있다.

【홍콩】홍콩이 영국의 식민 지배를 받은 지 150년 만에 중국에 반환됐다. 1997년 7월 1일, 이날 홍콩 하늘에는 유니언잭(영국 국기)이 그려진 국기 대신 중국의 오성홍기가 펄럭이기 시작했다.

150여 년 전 홍콩은 서양 강대국들이 새로운 시장을 찾아 아프리카와 아시아로 몰려들던 그 무렵 영국의 식민지가 되었다. 홍콩이 영국의 식민지가 된 건 청나라와 영국 사이에 벌어진 아편전쟁 때문이었다.

1842년 아편전쟁에서 패배한 청나라는 영국에 문호를 개방할 것과 홍콩을 영국에 넘겨주는 내용이 담긴 조약에 서명했다. 이후 홍콩은 영국의 통치 아래 아시아 금융 경제의 중심이자 중계무역 거점으로 자리 잡아 왔다.

150년 만에 영국에서 중국으로 주인이 바뀐 홍콩 주민들의 속내는 자못 복잡하다. 영국의 속박에서 벗어난 건 물론 환영할 만한 일이지만, 오랜 세월 자본주의 경제 질서를 유지해 온 홍콩 주민들은 사회주의 체제인 중국이 새 주인이 되는 것도 그다지 내키지 않기 때문이다.

홍콩은 100년이 넘게 자본주의 체제를 발전시켜 경제적으로도 한국, 싱가포르, 타이완과 함께 아시아의 네 마리 용 중 한 나라가 되었다.

불야성을 이룬 홍콩의 야경

　무엇보다 금융, 무역, 쇼핑, 영화 산업은 세계적인 수준을 자랑한다. 그러다 보니 홍콩 주민들은 사회주의 경제 체제인 중국에 괜히 편입돼 이도저도 아닌 나라로 전락할까 봐 노심초사하는 것이다. 홍콩의 휘황찬란한 밤거리에서 만난 한 시민은 복잡한 심경을 이렇게 절묘하게 표현했다. "우리는 영국인도 아니고 중국인도 아니다. 우리는 홍콩 시민이다."

　이러한 홍콩 시민들의 불안을 잠재우고자 중국 정부는 앞으로 50년간 홍콩에 자치권을 부여하기로 했다. 홍콩을 특별행정구역으로 설정해 일국양제(하나의 나라, 두 개의 체제)를 유지하겠다는 것이다. 이에 따라 홍콩은 다행히도 곧바로 중국에 흡수되지 않고, 자기들의 현 체제를 그대로 유지할 수 있게 되었다.

　한편, 중국 정부는 440여 년 전 포르투갈에 빼앗겼던 마카오를 1999년에 돌려받기로 했다. 마카오까지 반환되면 서구 열강에 의한 아시아 식민 지배 역사는 종말을 고하게 된다. 그와 동시에 지구촌에서 중국의 위상은 더욱 높아질 것으로 전망된다. Ⓗ

아편전쟁이란?

아편전쟁은 1840년 아편 문제를 둘러싸고 청나라와 영국 사이에 일어난 전쟁을 말한다. 아편수입으로 인한 피해와 은의 유출을 막기 위하여 청의 선종은 아편무역 금지령을 내리고, 임칙서를 광둥에 파견하여 영국 상인의 아편을 불태워 버리고 밀수업자를 처형했다. 이에 영국은 무역의 보호를 구실로 해군을 파견해 전쟁이 발발했다. 그 결과 청나라가 패하고 마침내 1842년에 난징조약을 체결, 홍콩을 영국에 넘겨주게 되었다. 그 후 1856년~1860년 사이에 벌어졌던 제2차 아편전쟁에서도 패한 청나라는 그야말로 이빨 빠진 호랑이로 전락했다.

특종인물보기

20세기를 바꾼 인물 10人

사회주의 혁명가 레닌

레닌은 1917년 노동자 계급을 이끌고 러시아 혁명을 성공시킨 뒤 소비에트 사회주의 공화국 연방(소련)을 세웠다. 그 뒤 소련은 20세기 내내 자본주의를 대표하는 미국과 서로 못 잡아먹어 으르릉거렸다.

정신분석학자 프로이트

프로이트가 심리 치료의 한 방법으로서 인간의 무의식과 성적 욕구를 강조한 정신분석학 이론을 내놓자, 20세기 내내 논쟁이 끊이지 않았다. 그의 이론은 심리학, 정신의학, 문학, 예술, 사회과학 등 안 미친 곳이 없을 정도다.

인류 범죄자 히틀러

히틀러는 제2차 세계대전을 일으킴으로써 20세기 세계사의 한 페이지를 고통으로 가득 채웠다. 특히 그는 아무 죄 없는 유태인 6백만 명을 죽임으로써 다시는 이런 인간이 태어나서는 안 된다는 교훈을 인류에 선사했다.

천재 물리학자 아인슈타인

독일 태생의 미국 이론 물리학자인 아인슈타인은 상대성 이론을 창안해 20세기 과학 발전에 지대한 영향을 끼쳤다. 하지만 자신의 이론이 20세기의 가장 강력한 무기인 핵무기와 원자폭탄을 만드는 데 쓰이자, 평화주의자였던 그는 말년에 심한 죄책감에 시달렸다.

위대한 영혼 간디

간디는 평생 인도의 독립과, 힌두교와 이슬람교의 화합을 위해 헌신했다. 그는 영국 식민 통치에 비폭력 평화 투쟁으로 저항함으로써 무저항의 저항이 얼마나 힘이 센지를 전 세계에 보여 주었다.

중국 건국의 아버지 모택동

오늘날 중국이 지구촌에서 차지하는 위상을 고려할 때, 중국 인민들은 모택동에게 깊이 감사해야 할 것이다. 그의 주도 하에 중국 공산당이 일본을 물리치고, 혁명을 성공시킴으로써 나라의 터전을 잘 닦아 놓았기 때문이다.

독일 통일의 아버지 빌리 브란트

1970년 독일 총리 브란트가 폴란드에 있는 유태인 학살 추모비 앞에서 무릎을 꿇고 사죄했다. 그러자 독일을 바라보는 지구촌의 시선이 확 달라졌다. 이 행위는 그 뒤 그가 통일 정책을 굳게 밀고 나가는 데 큰 힘이 되었다.

로큰롤의 전설 비틀즈

클래식 음악을 바흐 이전과 이후로 나눈다면, 20세기 대중음악, 그중에서도 로큰롤의 전후를 나누는 기준은 그룹 비틀즈다. 앞으로 어떤 새로운 대중음악이 나타나더라도 비틀즈의 명성은 21세기에도 쭉 이어질 것이다.

소련의 개혁을 꿈꾼 고르바초프

레닌이 사회주의라는 회사를 설립했다면, 고르바초프는 그 회사를 자본주의 못지않은 대기업으로 키우려고 애썼다. 하지만 치밀한 준비 부족으로 소련에서 러시아로 간판이 바뀌면서 도리어 회사가 쪼그라들고 말았다.

마이크로소프트사 설립자 빌 게이츠

농업혁명과 산업혁명 다음에 정보혁명이 올 거라던 어느 미래학자의 예언은 빌 게이츠가 윈도우를 세상에 내놓음으로써 입증되었다. 그는 세계 최고의 부자가 되었고, 번 돈을 사회에 기부함으로써 전 세계에서 가장 영향력 있는 인물이 되었다.

20세기 생활 문화의 현장으로!

최근 주목받는 책과 음악, 미술과 영화의 흐름을 살펴본다. 아울러 최신 유행하는 패션과 새롭게 선보인 음식 문화에 스포츠까지. 변화의 물결이 휘몰아치는 1980~1990년대 문화 예술의 현장으로!

Publication
Music
Art

따끈따끈 화제의 책

1980~1990년대 문학계의 흐름과 놓쳐서는 안 될 장편소설 베스트 3, 그리고 시를 무기 삼아 현실에 적극 참여했던 이 시대의 작가를 만나 본다.

문학계 동향

문학잡지 전성시대

1970년대 한국 문학잡지의 양대 산맥이었던 《창작과 비평》과 《문학과 지성》이 돌아왔다. 두 잡지 모두 박정희 정권 때부터 문학을 통한 사회 변혁에 힘써 왔는데, 1980년 전두환 정권이 들어서면서 폐간됐다가 6월항쟁에 힘입어 1988년 봄호로 일제히 복간됐다. 《문학과 지성》은 《문학과 사회》로 이름을 바꿔 새롭게 선보였다.

아울러 1987년 6월항쟁과 노동자 대투쟁을 거치면서 민중 문학잡지도 속속 창간됐다. 1980년대 초 창간된 《실천문학》은 제호가 말해 주듯 현실 문제에 적극 참여하는 작품을 많이 소개하고 있다. 《실천문학》을 발행하는 출판사는 또 '노동문학상'을 제정해 이름 없는 시인으로 이름난 박노해를 첫 수상자로 선정하기도 했다.

한편, 노동자와 노동 운동가들을 위한 본격 노동 문학잡지가 창간돼 주목을 끌고 있다. 1989년 창간된 《노동해방문학》이 바로 그 주인공이다. 하지만 이 잡지는 정부 당국의 계속된 감시와 탄압에 못 이겨 1991년 폐간되고 말았다.

《창작과 비평》, 《문학과 사회》, 《실천문학》
1988년 봄호

놓쳐서는 안 될 장편소설 베스트 3

《태백산맥》

박경리의 《토지》, 황석영의 《장길산》, 조정래의 《태백산맥》 등 재미와 문학성을 두루 갖춘 장편소설이 잇따라 완간돼 독자들이 즐거운 고민에 빠졌다.

《토지》는 소설가 박경리가 1969년부터 26년 동안 여러 문학잡지에 연재해 온 역사 소설로, 평사리 지주인 최 참판댁의 흥망성쇠를 중심으로 구한말부터 일제강점기를 거쳐 해방에 이르는 이야기를 다루고 있다.

《장길산》은 소설가 황석영이 1974년부터 10년 동안 《한국일보》에 연재했던 역사 소설. 장길산은 조선 숙종 때 실제 있었던 의적인데, 작가는 장길산이라는 인물을 통해 민중이 역사의 주인이라는 주제 의식을 잘 드러냈다.

조정래의 장편소설 《태백산맥》도 눈여겨볼 작품이다. 1989년 10권으로 완간된 이 소설은 해방 이후부터 6·25전쟁까지 《특종! 20세기 한국사》 3권에 해당하는 시기에 일어났던 빨치산들의 활동을 주로 다루고 있는데, 보수 세력으로부터 빨치산과 좌익 세력을 지나치게 미화했다는 비판을 받고 있다. 이런 논란에도 불구하고 이 소설은 무조건 반공만 외치는 우리 사회의 분위기를 바꾸는 데 크게 기여한 것으로 평가받는다.

우리 시대의 시인

나의 시는 나의 삶

시를 쓰는 전사 김남주와 노동하는 시인 박노해. 이 두 사람을 빼놓고 1980년대 문학을 이야기하기는 어렵다. 시를 무기로 시대에 저항했던 두 시인의 삶을 만나 본다.

시를 쓰는 전사 김남주

박정희 정권 말, 세상을 떠들썩하게 한 사건이 있었다. 수사 당국은 "남조선민족해방전선(줄여서 남민전)이라는 반국가 단체 회원들이 혁명 자금을 마련하기 위해 서울의 한 재벌집을 턴 사건이 발생했다."고 발표했다.(믿거나 말거나~) 이들 가운데는 시인 김남주가 있었다.

김남주는 시인이면서 동시에 군부 독재와 맞서 싸워 온 전사였다. 그래서일까. 그는 칼, 피, 학살, 처단 같은 과격하고 전투적인 시어들을 자주 썼다. 하지만 그의 또 다른 시를 보게 되면 전사 시인 김남주가 얼마나 따뜻한 마음의 소유자였는지를 엿볼 수 있다.

> 찬 서리/나무 끝을 날으는 까치를 위해/홍시 하나 남겨 둘 줄 아는/조선의 마음이여
> — 〈옛 마을을 지나며〉 중에서

그럼에도 그는 시를 무기 삼아 억압과 싸우는 시인으로 더 유명하다. 그의 대표작 〈조국은 하나다〉에는 분단과 외세에 저항하는 자신의 생각과 각오가 오롯이 담겨 있다.

> 조국은 하나다/이것이 나의 슬로건이다/꿈속에서가 아니라 이제는 생시에/남 모르게가 아니라 이제는 공공연하게/조국은 하나다//권력의 눈앞에서/양키 점령군의 총구 앞에서/자본가 개들의 이빨 앞에서/조국은 하나다/이것이 나의 슬로건이다
> — 〈조국은 하나다〉 중에서

《조국은 하나다》

《노동의 새벽》

노동하는 시인 박노해

시인 박노해가 1984년 처음 펴낸 시집 《노동의 새벽》에는 "전남 출생, 15세 상경, 기능공" 정도의 작가 소개만이 적혀 있다. 박노해는 줄곧 얼굴도 없고, 이름도 없는 시인이었다. 그가 가명으로 쓰는 '노해'라는 이름은 '노동 해방'의 줄임말로 알려져 있다.

박노해는 이 시집으로 정부에 의해 '금지 도서' 딱지를 받았음에도 불구하고, 밀리언셀러(100만 부 이상 팔린 책)라는 놀라운 기록을 세웠다. '박노해 현상'이라고 이를 만큼 사람들이 박노해의 시에 열광하는 까닭은 무엇일까. 그것은 그가 공장에서 일하는 실제 노동자라는 사실과, 노동을 하며 온몸으로 쓴 그의 시가 누구나 공감할 만큼 눈물 나게 감동적이라는 사실 때문이다.

박노해가 세상에 얼굴을 드러낸 건 1991년이다. 정부 당국이 남한사회주의노동자동맹(줄여서 사노맹)이라는 '반국가 단체'의 '수괴'인 박노해를 체포했다고 언론에 발표하면서 비로소 그의 얼굴이 세상에 드러났다.

1998년 가석방으로 풀려난 그는 노동자 시인에서 생명, 평화, 나눔 운동가로 변신을 했다. 그는 현재 이라크, 아프가니스탄, 남미 등 세계의 빈곤과 분쟁 지역을 다니며 반전, 평화 운동을 펼치고 있다. 이에 따라 그의 시도 노동자를 넘어 지구촌의 평화와 생명의 소중함을 노래하는 주제로 바뀌었다.

새 시대 새 음악

1980~1990년대 국제무대에서 큰 활약을 보여 주고 있는 우리 연주가들, 대중가요 못지않은 인기를 누리고 있는 민중가요, 그리고 한국 대중음악사에 한 획을 그은 정태춘의 음악 세계를 알아본다.

세계 속의 한국 연주가들

국제무대에서 두각을 나타내는 우리 연주가들이 눈에 띈다. 가장 먼저 주목받은 이들은 정명화, 정경화, 정명훈 삼남매이다. 바이올리니스트 정경화는 리벤트리트 콩쿠르에서, 첼리스트 정명화는 제네바 콩쿠르에서 1등을 차지하며 세계적인 연주가로 성장했다. 막내 정명훈은 1974년 소련의 차이코프스키 콩쿠르 피아노 부문에서 2등을 차지, 귀국 후 카퍼레이드를 벌이기까지 했다.

건반 위의 음유 시인으로 알려진 백건우는 부조니 콩쿠르에서 우승을 차지한 뒤 파리에 거주하며 꾸준히 연주 활동을 펼치고 있다. 성악 부문에선 메조소프라노 조수미와 바리톤 최현수가 단연 돋보인다. 최현수는 차이코프스키 콩쿠르에서 동양인으로서는 처음으로 1위를 차지해 세상을 놀라게 했고, 이탈리아에서 활약 중인 조수미는 독일의 세계적인 지휘자 카라얀으로부터 '신이 내린 목소리'라는 칭찬을 들을 만큼 큰 명성을 얻고 있다.

이들 1세대 음악인들에 이어 젊은 연주가들도 국제무대에서 큰 활약을 펼치고 있다. 사라 장(본명 장영주)은 어려서부터 천재 바이올리니스트로 주목받았는데, 세계 최연소 음반 출시, 최연소 빌보드 차트 클래식 부문 1위 등 신세대 클래식계의 스타로 떠올랐다.

장영주

민중가요 전성시대

민주화의 바람은 대중 음악계에도 큰 변화를 몰고 왔다. 집회 현장에 서나 부르던 민중가요가 일반 대중들에게도 큰 인기를 얻고 있는 것. 대중가요보다 더 대중적인 민중가요 베스트 5

《노래를 찾는 사람들 1》

가곡 베스트 5

1위 〈솔아 솔아 푸르른 솔아〉
"거센 바람이 불어와서 어머님의 눈물이"로 시작하는 이 노래는 《노래를 찾는 사람들》(노찾사) 2집 타이틀곡으로 민중가요를 대표하는 노래로 등극했다.

2위 〈광야에서〉
주먹을 불끈 쥐고 목이 터져라 부르는 "우리 어찌 가난하리오 우리 어찌 주저하리오" 부분이 이 노래의 하이라이트. 집회 현장은 물론, 각종 모임에서도 많이 애창되는 민중가요.

3위 〈그날이 오면〉
보통 집회를 〈임을 위한 행진곡〉을 부르며 시작한다면 집회의 마무리는 〈그날이 오면〉을 부르며 마친다. "드넓은 평화의 바다에 정의의 물결 넘치는"이라는 노랫말처럼 그날이 오기를 바라며 희망을 잃지 말자는 노래.

4위 〈사계〉
"빨간꽃 노란꽃 꽃밭 가득 피어도…… 미싱은 잘도 도네 돌아가네" 4분의 2박자의 경쾌한 리듬이 매력적. 미싱을 돌리는 여성 노동자의 고단한 일상을 서정적으로 그린 노래.

5위 〈민들레처럼〉
"민들레꽃처럼 살아야 한다"로 시작하는 이 노래는 얼굴 없는 시인으로 알려진 박노해의 시에 곡을 붙인 노래. 민들레처럼 강인하게 살아가려는 노동자의 모습이 아름다운 노랫말과 구슬픈 멜로디로 잘 승화됐다는 평가.

우리 시대의 가수

정태춘, 노래를 무기로 시대와 한 판!

토속적인 정서를 노래하던 대중 가수가 돌연 불의와 맞서는 민중 가수로 변신했다. 가수 정태춘은 왜 공연장 대신 집회 현장을, 감미로운 노랫말 대신 우리 사회의 불편한 진실을 드러내는 노래를 들고 나온 걸까.

사전 심의 따윈 필요 없어!

1996년 이전까지만 해도 가수가 음반을 내려면 공연윤리위원회로부터 사전 심의를 받아야 했다. 정부 기관에서 노랫말과 악보를 미리 검토해서 되고, 안 되고를 판단했던 것이다. 예술가의 창작 의욕을 떨어뜨렸던 이 제도가 마침내 폐지된다.

음반 사전 심의 제도를 폐지하는 데 큰 기여를 한 가수는 정태춘이다. 그는 첫 음반을 내던 때 〈시인의 마을〉의 노랫말이 심의에 걸려 노랫말을 바꾸는 수모를 겪었다. 그런 가운데서도 그는 〈촛불〉, 〈떠나가는 배〉, 〈북한강에서〉 같은 우리의 토속 정서를 담은 노래를 잇달아 발표해 대중의 큰 사랑을 받았다.

하지만 1987년 6월항쟁의 경험은 정태춘을 더 이상 토속적인 정서를 노래하는 가수로 머무르게 하지 않았다. 6월항쟁 이후 그는 콘서트 무대 대신 전국교직원노동조합(줄여서 전교조)을 응원하는 현장이나, 노동자들의 파업 현장, 그리고 미군 부대 이전에 반대하는 집회 현장에서나 볼 수 있는 저항 가수로 변신했다.

노래를 무기로 시대와 맞짱을 뜨기 시작한 그는 1990년 자신의 음반이 사전 심의에 걸리자, 아예 음반 사전 심의 제도 철폐 운동에 나섰다. 그는 첫 번째 행동으로 사전 심의를 거치지 않고 《아, 대한민국》과 《92년 장마, 종로에서》라는 음반을 무단으로 발표했다. 이 일로 그는 검찰로부터 불구속 기소(구속하지 않고 수사를 받는 것)를 당했다.

그럼에도 그는 사전 심의 제도를 폐지하기 위한 노력을 멈추지 않았고, 그를 지지하는 많은 가수들과 지식인들의 응원에 힘입어 일제강점기 이래 창작의 자유를 억압해 왔던 이 제도를 없애는 쾌거를 이뤄 냈다. 한 음악 평론가는 이런 그에게 "대중음악계의 독립군"이라는 별명을 붙여 주었다.

《92년 장마, 종로에서》

문화대통령 서태지

그룹 '서태지와 아이들'도 음반 사전 심의 제도 철폐에 한몫했다. 1995년 4집 음반을 낼 때 〈시대유감〉이라는 노래의 가사가 사전 심의에 걸리자 노랫말을 빼고 음반을 발표했던 것. 이 사건은 사전 심의 제도의 부당성을 세상에 알리는 데 큰 역할을 했다. 미국 흑인 음악인 힙합을 국내에 처음 소개하여 큰 반향을 불러일으킨 서태지는 1집 《난 알아요》 발표 이후 1996년 은퇴할 때까지 '문화대통령'이라 이를 만큼 수많은 팬들로부터 열광적인 지지를 받았다. 하지만 은둔에 가까운 생활과, 은퇴와 복귀를 반복하는 행동으로 신비주의 마케팅 전략이라는 비판을 받기도 했다.

서태지와 아이들 은퇴 당시의 《한겨레》 박재동 만평

미술의 새 흐름

1980년대부터 일기 시작한 민주화의 바람이 미술계를 휩쓸고 지나갔다. 민주화의 영향을 받은 1980~1990년대 미술계의 흐름과 민중미술의 선두 주자로 주목받는 판화가 오윤을 만나 본다.

민중미술

1980년 광주항쟁과 1987년 6월항쟁을 거치면서 미술계에도 새로운 바람이 불고 있다. 가장 뚜렷한 변화는 민중미술이라는 새로운 장르의 출현을 들 수 있다. 민중미술이란 민중의 삶과 밀접한 소재를 작품 속에 담는 것이다. 민중미술을 추구하는 화가들은, 시인이 시로써 시대에 맞서고, 가수들이 노래로 독재에 저항하듯 자신들은 그림을 통해 현실 문제에 적극 참여하겠다고 주장하고 나섰다.

"그동안 미술이 소위 부유층의 취향에 아첨하고, 소외받고 있는 이웃들의 현실을 외면해 왔습니다. 이제 화가들도 현실을 비판하는 정신을 화폭에 담도록 노력하겠습니다."

이런 생각에 따라 민중 미술가들은 민주화 운동, 노동 운동, 통일 운동 같은 시대적 요구들을 그림으로 표현하기 시작했다. 이들은 주제를 효과적으로 전달하기 위해 기존의 전통적인 매체인 캔버스와 화선지 등에서 탈피, 시위의 상징으로 쓰이는 깃발과 대형 현수막에 그림을 그리는 등 표현 기법에서도 형식을 파괴하는 모습을 보여 주고 있다.

또한 탈춤과 마당극, 풍물놀이, 굿 등 우리의 전통적인 연희(놀이와 잔치) 때 포스터와 현수막, 무대장치 등에 민중미술을 적극 활용하고 있다. 1980년대 현재 민중미술의 새로운 흐름을 주도하고 있는 화가로 임옥상, 오윤, 신학철, 박불똥 등을 들 수 있다.

〈하나 됨을 위하여〉, 임옥상

미술관 건립 잇따라

1980년대 들어 미술관 건립이 활발하게 이뤄지고 있다. 1986년 과천국립현대미술관을 시작으로, 서울시립미술관, 광주시립미술관, 부산시립미술관, 대전시립미술관, 경남·전북도립미술관 등 공공 미술관이 잇달아 건립됐다. 아울러 성곡미술관, 금호미술관, 삼성리움미술관 등 사립 미술관 건립도 잇따르고 있다. 한편 국민 화가로 일컬어지는 김환기, 이중섭, 박수근을 기념하는 미술관이 개관해 그림 관람의 기회가 더욱 많아졌다. 김환기를 기념하는 환기미술관이 1992년 서울 부암동에 건립된 것을 시작으로 이중섭이 전쟁 중 머물렀던 서귀포에 이중섭미술관(2002년), 그리고 박수근의 고향인 강원도 양구에 박수근미술관(2002년)이 각각 건립돼 작품 감상과 자녀들 미술 교육에 큰 도움을 주고 있다.

우리 시대의 화가

민중미술의 선구자, 판화가 오윤

1980년대는 민중미술을 낳았고, 민중미술은 판화가 오윤을 낳았다. 그는 칼끝으로 민중의 한과 신명을 자신의 눈매만큼이나 예리하게 나무판 위에 새겼다. 그런 그가 마흔이라는 많지 않은 나이에 세상을 떠났다.

"현대 미술사에서 신동엽 같은 존재"

1986년 7월 판화가 오윤이 세상을 떠났을 때, 그는 아직 세상에 널리 알려진 작가가 아니었다. 민중미술의 선구자로 알려지긴 했지만 죽기 바로 한 달 전에야 첫 번째 개인전을 연 데서 알 수 있듯 이제 막 꽃을 피우기 시작한 작가였다. 그래서 그의 죽음을 알려야 하는 기자들조차 이 위대한 예술가를 어떻게 표현해야 할지 잘 몰랐다. 다행히 그의 작품을 눈여겨봐 온 한 미술 평론가가 오윤에 대해 다음과 같이 말했다.

"오윤은 우리나라 현대 미술사에서 신동엽 같은 존재다."

오윤

신동엽은 4·19혁명 이후 '껍데기는 가라'는 한 줄의 시어로 독재와 외세를 통렬히 비판했던 저항 시인이었다. 민중의 힘이 가장 거세게 표출됐던 동학혁명을 《금강》이라는 장편 대서사시로 살려 낸 민중문학의 독보적인 존재가 바로 신동엽이다.(신동엽에 관해서는 《특종! 20세기 한국사》 4권 '시대를 여는 시' 참조) 오윤이 바로 미술계에서 그런 신동엽 같은 존재라는 것이다.

오윤은 박정희 독재 정권 시절 대학에서 미술을 공부했다. 미술의 사회적 역할을 고민하던 그는 〈오적〉으로 이름난 시인 김지하를 만나면서 민화, 무속화, 불화, 탈춤, 굿 등 우리 민중문화에 관심을 가지기 시작했다. 그는 이러한 관심을 목판화로 표현해 냈다.

그는 〈헐벗은 사람들〉(1972), 〈징〉(1985), 〈도깨비〉(1985), 〈칼노래〉(1985)에서 민중의 삶을 작품의 소재로 삼았고, 민중의 역동성을 단순하면서도 명쾌하게 표현해 냈다.

1980년대 들어 그는 책의 표지화와 마당놀이의 포스터, 집회 현장의 걸개그림을 통해 이름을 알리기 시작했다. 그리고 마침내 1986년 민족미술협의회라는 민중미술 단체가 기획한 첫 번째 전시회의 주인공으로 선정되었다. 1986년 5월 열린 그의 첫 번째 판화 전시회는 일주일을 연장할 만큼 큰 주목을 받았다. 하지만 아쉽게도 그것은 그의 첫 번째이자 마지막 전시회가 되었다. 전시회 준비로 지병이 악화돼 전시회 도중에 세상을 뜨고 만 것이다. 판화를 민족미술 또는 민족문화라는 넓은 영역으로 끌어올린 예술가란 평가를 받으며, 그는 마흔이라는 나이에 불꽃같은 삶을 마감했다.

오윤 작품의 재발견

1. 민중의 마음 오윤 작품에는 특출난 소재가 등장하지 않는다. 평범한 민중이 주인공이다. 민중의 마음을 진심으로 이해하려는 그의 마음을 작품 속에 담았기 때문이다.

2. 선의 힘 오윤의 판화에서는 굵고 가늘게, 끊길 듯 이어지는 칼 맛을 느낄 수 있다. 이러한 선의 흐름은 생동감과 함께 작품의 힘을 느끼게 한다.

3. 간결함과 친숙함 오윤의 작품에선 간결함이 느껴진다. 단순하게 표현하는 건 보통의 노력을 통해 나오는 게 아니다. 단순하게 표현된 그의 작품은 친숙함을 느끼게 한다.

오윤과 김지하와 박노해

오윤은 김지하 시집 《오적》과 박노해 시집 《노동의 새벽》 표지를 판화로 작업했다. 《오적》은 1970년대 박정희 정권이 가장 두려워한 시였고, 《노동의 새벽》은 1980년대 전두환 정권이 가장 두려워한 시였다. 독재에 저항한 대가로 박정희와 전두환 정권으로부터 사형선고를 받았던 두 시인의 표지를 오윤이 작업한 건 어쩜 운명이 아니었을까.

《오적》

한국 영화감독 열전

1980~1990년대 한국 영화가 해를 거듭할수록 비약적인 발전을 하고 있다. 주제와 이야기도 다양해지고, 관객도 1백만을 넘어 1천만을 내다볼 만큼 급성장하고 있다. 한국 영화의 흐름을 주도하고 있는 영화감독 라이벌 열전을 소개한다.

한국 영화, 〈서편제〉에서 〈쉬리〉를 넘어

영화 〈서편제〉 포스터

1980년대 한국 영화는 1970년대부터 이어진 침체기 속에서도 새로운 감각을 지닌 감독들이 등장해 한국 영화의 르네상스 시대를 열어 가고 있다. 임권택 감독은 〈길소뜸〉, 〈씨받이〉 등 우리 사회의 문제와 전통문화에 시선을 돌린 작품을 선보이며 1980년대를 열었고, 〈바람 불어 좋은 날〉의 이장호, 〈고래사냥〉의 배창호도 젊은 감독의 패기를 보여 주고 있다.

이 중에 1980년대부터 2000년까지 줄곧 작품성과 흥행에서 큰 활약을 펼친 감독으로 임권택을 첫손에 꼽을 수 있다. 1993년 서울 단성사에서 개봉한 임권택 감독의 〈서편제〉는 눈 먼 소리꾼이 소리를 완성해 가는 과정을 다룬 판소리 영화로, 한국 영화 최초로 1백만 관객을 돌파했다. 이후 임권택은 조선 후기 화가인 오원 장승업의 일대기를 그린 〈취화선〉으로 칸영화제에서 감독상을 수상하면서 한국 영화의 거장으로 우뚝 섰다.

1990년대 말부터 한국 영화는 거침없이 1천만 관객을 향해 질주했다. 남북 분단의 현실에서 벌어지는 사랑과 이념을 그린 강제규 감독의 〈쉬리〉(1999년)는 〈서편제〉가 세운 1백만 기록을 단숨에 넘어서며 6백만 관객을 끌어 모으는 기염을 토했다. 또 다른 분단 소재의 영화 〈공동경비구역 JSA〉(2000년)도 〈쉬리〉가 세운 6백만 기록을 1년 만에 갈아 치우며, 이 영화를 만든 박찬욱 감독을 일약 스타덤에 올려놓았다. 물론 이 같은 현상은 1990년대 후반에 등장한 복합상영관(멀티플렉스)이라는 새로운 배급망 체제의 영향이 컸다.

세계 3대 영화제를 빛낸 한국 영화들

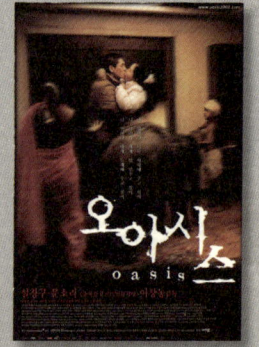

영화 〈오아시스〉 포스터

한국 영화가 세계 3대 영화제로 알려진 베니스, 베를린, 칸영화제에서 잇달아 수상을 했다. 1987년 베니스영화제에서 강수연이 임권택 감독의 영화 〈씨받이〉로 여우주연상을 받은 것을 시작으로, 장선우 감독이 베를린영화제에서 〈화엄경〉으로 알프레드 바우어상, 임권택 감독이 칸영화제에서 〈취화선〉으로 감독상, 이창동 감독이 베니스영화제에서 〈오아시스〉로 감독상, 박찬욱 감독이 칸영화제에서 〈올드보이〉로 심사위원대상을 수상했다. 2007년에는 여배우 전도연이 칸에서 〈밀양〉으로 여우주연상을 받았다. 하지만 세계 영화제에서 가장 주목을 받고 있는 한국 영화감독은 누가 뭐래도 홍상수와 김기덕 감독이다.

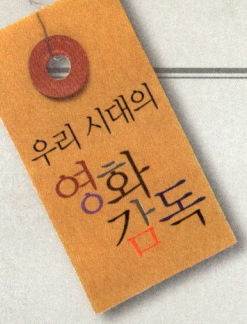

우리 시대의 영화감독

한국 영화감독 라이벌 열전

한국영화를 이끌어 가는 영화감독들의 활약이 그들이 만든 영화만큼이나 흥미를 끌고 있다. 1980~1990년대 한국 영화감독 라이벌 열전 속으로!

1980년대 초 이장호 VS 배창호

1970년대 최인호 원작 소설로 만든 영화 〈별들의 고향〉으로 신선한 충격을 주었던 이장호가 〈바람 불어 좋은 날〉로 1980년대를 열어젖혔다. 이 영화는 중국집, 이발소, 여관 등에서 일하는 밑바닥 청년들의 삶의 애환을 다룬 영화로 작품성과 흥행에서 큰 성공을 거두었으며, 1983년에는 통렬한 풍자와 시니컬한 웃음을 선사한 〈바보선언〉으로 평단의 큰 호응을 받았다. 이장호 밑에서 조연출로 일한 배창호 감독은 1982년에 만든 〈꼬방동네 사람들〉로 한국 영화사에서 가장 걸출한 데뷔작이라는 평가를 받으며 화려하게 등장했다. 그 뒤 1984년에는 젊은이들이 권태로운 일상에서 벗어나 삶의 희망을 찾아가는 로드 무비 〈고래사냥〉으로 빅히트를 쳤다. 스승과 제자로 만난 두 감독은 1980년대 초부터 중반까지 선의의 라이벌 관계를 이루면서 한국 영화의 가장 주목받는 감독으로 자리 잡았다.

영화 〈바보선언〉 포스터

1980년대 말 장선우 VS 박광수

이장호 감독의 연출부에서 활동한 두 명의 감독이 새로운 라이벌로 떠올랐다. 그 주인공은 장선우와 박광수. 장선우는 물질적 가치가 우선하는 소비자본주의 사회의 성공 신화를 냉소적으로 그린 〈성공시대〉(1988년)를 통해 성공적으로 데뷔한 이후, 농촌 지역 공장에서 일하는 서민의 삶과 사랑을 다룬 〈우묵배미의 사랑〉(1990년)으로 평단의 주목을 끌었다. 그 뒤 1980년 5월 광주 금남로에서 죽어가는 엄마를 뿌리치고 달아난 한 소녀의 아픔을 그린 영화 〈꽃잎〉을 선보이며 사실파 감독의 면모를 보여 주었다. 박광수는 1980년대 한국 사회의 모습을 두 소외된 인물을 통해 블랙코미디 형식으로 그린 〈칠수와 만수〉(철수 아님. 1988년), 강원도 탄광촌에 숨어든 운동권 대학생의 절망과 사랑을 그린 〈그들도 우리처럼〉(1990년), 그리고 노동자 전태일의 일대기를 다룬 〈아름다운 청년 전태일〉(1995년) 등 우리 사회의 단면을 콕 짚어 내는 영화를 차례로 선보이며 사실주의 감독으로 떠올랐다. 두 감독은 우리 사회의 현실을 가장 잘 드러내는 영화를 만들었다는 공통점을 가지고 있다.

영화 〈칠수와 만수〉 포스터

1990년대 후반 김기덕 VS 홍상수

1990년대 말에는 김기덕과 홍상수 두 감독이 라이벌 관계를 이어 갔다. 두 사람은 태어난 해가 같고, 데뷔한 해도 같다. 하지만 두 사람의 작품 세계는 확연히 다르다. 홍상수가 도시 속에서 일상을 살아가는 인간 군상의 속물근성을 낯 뜨거울 만큼 시시콜콜 이야기로 풀어낸다면, 김기덕은 건달, 양아치, 고아, 혼혈아 같은 밑바닥 인생이나 소외된 인간들을 주인공으로 내세워 인간이 지닌 죄의식을 잔인하게 건드린다. 김기덕은 1996년 〈악어〉로 데뷔한 이후 〈수취인불명〉, 〈봄 여름 가을 겨울 그리고 봄〉, 〈사마리아〉 등의 작품을 연출했고, 홍상수는 〈돼지가 우물에 빠진 날〉로 데뷔한 이후 〈강원도의 힘〉, 〈생활의 발견〉, 〈북촌방향〉 등의 영화를 선보였다. 두 감독은 세계 3대 영화제에서 가장 주목하는 한국 영화감독으로서, 특히 김기덕은 2012년 베니스영화제에서 〈피에타〉로 한국 영화 최초로 최우수작품상인 황금사자상을 수상하는 쾌거를 이뤘다.

영화 〈수취인불명〉 포스터

생활 Fashion

최신 유행 패션

1980년대 들어 컬러TV가 보급되고 생활수준이 향상되면서 청소년들의 패션에 대한 관심이 부쩍 커졌다. 이에 1980년대와 1990년대의 중·고딩 패션 흐름을 총정리하기로 한다.

교복은 이렇게 진화한다

1983년 교복 자율화와 두발 자율화 조치에 따라 사라졌던 교복이 1980년대 말 화려하게 부활했다. 다시 돌아온 교복은 예전과는 스타일이 180도 다르다. 교복 자율화 조치 이전 교복이 칙칙한 일본 군국주의 스타일이라면, 1990년대 교복은 스마트한 영국 사립학교 풍이다. 그럼 지금부터 두 교복을 비교 감상해 보자.

헤어&모자 머리는 3센티미터 이하의 스포츠형. 모자는 검정 모자. 멋을 내고 싶다면 모자를 살짝 비껴쓴다.

호크 학생의 품격을 드러내는 목 채움 단추. 갑갑해서 한두 개 풀고 다니더라도 교문 안으로 들어갈 땐 꼭 다 잠근다.

상의 검정색. 단추는 금색. 전형적인 일본 군국주의 스타일.

가방 국방색. 중앙 지퍼 분리형 스타일. 그나마 단조로운 검정 교복에 변화를 줄 수 있는 아이템.

하의 검정색. 멋을 좀 내고 싶다면 밑이 넓은 나팔바지나, 통이 좁은 쫄쫄이 스타일로 변화 주기.

신발 검정색. 그냥 신지요.

1983년 이전
머리에서 발끝까지 검정

헤어 스포츠형에서 벗어남. 그래도 여전히 장발은 금지.

가방 등에 메는 룩색(배낭) 스타일. 이스트팩이나 잔스포츠가 대세.

네타이 자주색 혹은 스트라이프 (빗긴 선) 스타일이 대세. 목이 꽉 조이지 않게 메는 게 센스.

상의 메리노 울마크가 부각된 신소재 울 원단. 군청색.

조끼 학생의 단정함을 살려 주는 필수 아이템. 추위를 막아 주는 이중 효과.

하의 회색과 베이지색 스타일로, 군청색 상의와 투 톤 컬러 매치.

신발 교복에 어울리는, 발목까지 살짝 올라가는 하이탑 슈즈. 일명 비비화.

1990년대 이후
스마트한 스타일이 대세

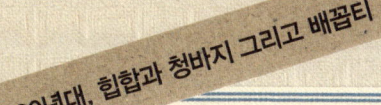

1990년대, 힙합과 청바지 그리고 배꼽티

1990년대 초 아이돌 그룹 '서태지와 아이들' 등장 이후 힙합 스타일이 본격적으로 유행하기 시작했다. 한편, 프로 야구와 프로 농구가 주목을 끌면서 스포츠 룩이 청소년들에게 인기 짱이다. 좀 과감한 청소년들은 찢어진 청바지와 배꼽티도 마다하지 않았다. 훨씬 다양해진 1990년대 패션 세계로!

헤어&모자 미국 래퍼들이 즐겨 쓰는 힙합 스타일의 모자. 가끔 미국 프로 야구 선수 모자로 변화 주기.

상의 모자가 달린 후드 스타일. 이것이 바로 뉴욕 정통 힙합 스타일.

바지 강호동 허벅지도 들어갈 만큼 펑퍼짐한 스타일. 밑단은 땅에 질질 끌리 듯 같게.

오빤 힙합 스타일

신발 날고 싶다면, 에어조던 농구화. 색상은 흰색과 검은색이 대세.

헤어 노란색이나 연한 갈색으로 포인트를 주는 브릿지(부분 탈색) 스타일.

배꼽티 과감한 여학생을 위한 최적의 코디네이션.

청바지 무릎과 허벅지에 통풍 구멍을 내는 찢어진 청바지.

누난 배꼽티 스타일

신발 밑창이 튼튼한 스니커즈. 노란색과 갈색 계열.

생활 Food

새로운 음식 문화

1980~1990년대 들어 생활수준이 향상되면서 외식이 점차 보편화되는 추세다. 아이들이 좋아하는 햄버거, 피자를 파는 패스트푸드점과 실내를 화려하게 꾸민 패밀리 레스토랑이 우후죽순 생겨나고 있다. 온 가족이 함께하는 외식의 세계로!

1980~1990년대 음식 새 소식

컵라면과 삼각김밥

삼각김밥과 컵라면은 편의점에서

88올림픽 이듬해인 1989년, 올림픽선수촌 1호점 오픈 이후 24시간 편의점 시대가 열렸다. 국내에 처음 상륙한 편의점은 세븐일레븐. 그 뒤를 이어 훼미리마트, 미니스톱, 바이더웨이 등 외국계 편의점이 속속 국내에 진출했다. 여기에 국내 편의점 1호인 LG25(GS25로 이름 바꿈)까지 뛰어들어 편의점 전성시대를 열었다. 편의점은 말 그대로 24시간 편리하게 이용하는 동네 슈퍼. 이곳은 청소년 알바 자리 창출은 물론, 학원 끝나고 삼각김밥과 컵라면으로 간단히 요기할 수 있는 장소로 인기 급상승 중이다. 토종 편의점을 제외하고 대부분이 외국에 로열티를 지급해야 하고, 편의점이 늘어나면서 이전부터 쭉 있던 동네 구멍가게들이 심한 타격을 입을 수 있으니 우리 동네 구멍가게도 자주 이용하자고~.

여자한테 더 좋은 값싼 바나나

1980년대 들어 동남아시아에서 생산된 바나나가 대량으로 수입돼 어린이들의 영양 간식으로 사랑받고 있다. 그전까지 바나나는 이른바 '있는 집' 아이들만 먹을 수 있는 고급 과일이었다. 하지만 이젠 가장 헐값에 사 먹을 수 있는 과일이 되었다. 바나나에는 식이섬유질과 비타민A가 풍부해 변비와 피부미용에 좋을 뿐만 아니라, 칼로리가 낮은 대신 포만감이 커 다이어트에도 아주 좋다고 한다.

물을 사 먹는 시대

바야흐로 물을 사 먹는 시대가 왔다. 봉이 김선달이 평양 대동강 물을 팔아먹었다는 얘기는 들어 봤어도 그 흔한 물을 사 먹게 될 줄이야. '먹는 샘물'이라는 이름의 생수가 1995년부터 판매되면서 생수 시장이 춘추전국시대를 맞고 있다. 수돗물에 대한 불신 때문에 생수는 우리 생활 깊숙이 자리 잡을 전망이다. 아울러 프랑스에서 들여온 생수 에비앙도 편의점에서 인기를 더해 가고 있다.

이젠 밥도 사 먹는 시대

이젠 밥도 사 먹는 시대가 됐다. 1995년 제일제당(CJ)이 즉석 포장 밥인 햇반을 출시했다. 햇반은 씻은 쌀을 1인분씩 용기에 담아 조리가 된 상태로 균이 들어가지 않게 포장해 판매하는 즉석 밥이다. 즉석 밥은 소풍이나 등산 갈 때는 물론, 시간이 없어서 밥 해 먹기 힘든 직장인이나 가끔 밥하기 귀찮은 우리 엄마들에게도 인기 짱이다. 그래도 밥은 깨끗이 씻은 쌀로 뜸을 잘 들여 먹는 게 최고!

"오늘 외식은 어디서 할까?"

주말 오후 똘이네 가족이 모처럼 외식을 하기로 했다. 그런데 문제가 생겼다. 아빠는 삼겹살, 엄마는 패밀리 레스토랑, 똘이 동생은 햄버거, 똘이는 피자가 먹고 싶단다. 똘이네 가족은 어디로 갈까?

햄버거, 피자, 프라이드치킨의 상륙

1980년대 들어 생활수준이 향상되면서 집집마다 외식하는 일이 잦아졌다. 전에는 짜장면이나 양념갈비면 오케이였는데, 패스트푸드점과 패밀리 레스토랑이 국내에 상륙하면서 무얼 먹어야 할지 즐거운 고민에 빠졌다. 하지만 뭐니 뭐니 해도 아이들에게 가장 인기 있는 음식은 역시 햄버거, 피자, 치킨 삼총사.

햄버거, 피자, 프라이드치킨

햄버거는 1979년 롯데리아가 롯데백화점에 1호점을 내면서 패스트푸드 시대를 열었다. 햄버거는 반으로 자른 빵 사이에 쇠고기 패티를 채소와 함께 넣어 먹는 음식으로, 주문하면 3분 안에 먹을 수 있어 패스트푸드의 대명사로 자리 잡았다. 롯데리아에 이어 국내에 상륙한 햄버거는 버거킹. 버거킹은 1984년 종로에 처음 문을 연 이후 '와퍼'를 무기로 패스트푸드 시장 공략에 나섰다. 이에 뒤질세라 미국 음식 문화의 상징인 맥도날드가 1988년 압구정동에 진출하며 햄버거 시장에 도전장을 냈다. 햄버거는 이제 어린이들이 가장 좋아하는 음식일 뿐만 아니라 바쁜 직장인들이 점심식사로도 많이 찾고 있다. 햄버거 가게는 중·고딩들 미팅 장소로도 인기 짱.

1985년 이태원에 피자헛 1호점이 생기면서 피자도 패스트푸드 경쟁에 합류했다. 처음 피자헛이 생겼을 때 외국 드라마나 영화에서만 보던 피자를 직접 먹을 수 있게 된 아이들은 그 맛에 열광했다. 피자헛 이후 도미노피자와 미스터피자 등이 잇달아 체인점을 내면서 국내 피자 시장이 급속히 커졌다.

프라이드치킨은 원래 우리 재래시장에서도 먹을 수 있는 영양 간식이었다. 그러다가 KFC라는 미국 프라이드치킨이 1984년 종로에 오픈하자 그 매콤하면서도 바삭바삭한 맛에 홀딱 빠져 버렸다. KFC에 이어 파파이스도 국내에 들어와 프라이드치킨 경쟁에 나섰다. 그 뒤 토종 브랜드인 비비큐가 1995년 오픈해 외국 치킨 브랜드와 경쟁했다. 비비큐는 1999년 10월 현재 1천호점을 열었다.

패밀리 레스토랑이 몰려온다!

햄버거, 피자, 치킨에 이어 패밀리 레스토랑도 아이들에게 큰 인기를 끌고 있는 외식 장소다.

패밀리 레스토랑은 세련된 서구식 인테리어 덕분에 연인이나 가족 외식 장소로도 주목을 받고 있다. 아울러 초딩들에게 생일날 가고 싶은 외식 장소 1위에 오를 만큼 인기가 높다. 비싼 가격 때문에 좀 망설이긴 했지만, 똘이네도 오늘 외식은 패밀리 레스토랑으로 결정!

패밀리 레스토랑 내부

스포츠 sports

스포츠 하이라이트

1980년대 들어 바야흐로 프로 야구, 프로 축구 시대가 열렸다. 1990년대에는 세계 스포츠 무대에서 한국을 빛낸 스타들이 잇달아 탄생했다. 군부 독재 시절과 IMF 경제 위기 속에서 괴롭고 힘든 국민들을 위로해 주었던 스포츠 세계 속으로!

바르셀로나 올림픽의 영웅 황영조

1992년 8월 9일, 스페인 바르셀로나 올림픽에서 한국의 마라토너 황영조가 금메달을 차지했다. 이번 황영조의 마라톤 우승은 56년 전 베를린 올림픽에서 손기정이 우승한 이후 한국인으로서는 두 번째 맞는 쾌거.

황영조는 30킬로미터 지점부터 선두로 치고 나갔다. 하지만 스페인의 뜨거운 태양과 올림픽 스타디움으로 향하는 고갯길은 황영조를 지치게 했다. 바로 뒤에는 일본 선수 모리시타 고이치가 바짝 뒤쫓고 있었다. 황영조는 '이건 마라톤이 아닌 전쟁이다. 무슨 일이 있어도 이겨야 한다.'고 스스로를 다잡으며 힘차게 발을 내디뎠다. 골인 지점 3킬로미터 지점에서부터 황영조는 바짝 따라붙는 일본 선수를 따돌리며 마지막 혼신의 힘을 다했다. 그리고 마침내 8만 관중의 기립 박수를 받으며 골인 지점의 테이프를 끊었다.

시상식에선 올림픽 역사상 처음으로 메인 경기장에서 애국가가 울려 퍼졌다. 56년 전 손기정이 우승했을 땐 일본 국가가 연주됐기 때문이다. 금메달을 목에 건 황영조는 서둘러 관중석으로 뛰어갔다. 거기엔 백발의 손기정이 있었다. 황영조는 대선배인 손기정에게 금메달을 걸어 주었다. 손기정은 말없이 눈물을 흘렸다.

황영조

IMF의 고통을 잊게 해 준 박찬호와 박세리

1998년, IMF 외환 위기로 온 국민들이 힘들어할 때 국민들에게 희망을 주고 있는 '양 박' 스타가 있었다. 미국 프로 야구 메이저리그에서 활약하는 코리안 특급 박찬호와 프로 골프 선수 박세리. 1994년 한국 최초로 메이저리그에 진출한 프로 야구 선수 박찬호는 3년 뒤인 1997년부터 5시즌 연속 10승 이상의 성적을 거두며 코리안 특급의 면모를 과시했다. 또한 프로 골프 선수 박세리는 1998년 7월 열린 유에스여자오픈 골프대회에서 한국 선수로는 처음으로 우승을 차지했다. 박세리는 결승 연장전에서 친 공이 연못에 빠지는 절체절명의 위기를 맞았지만, 주저 없이 양말을 벗고 연못으로 들어가 기사회생 끝에 대회 우승을 차지했다.

박세리

지금은 프로 스포츠 전성시대

바야흐로 프로 스포츠 전성시대다. 1982년엔 프로 야구가, 그 이듬해엔 프로 축구가 출범했다. 전두환 군사 정권이 국민들의 관심을 다른 곳으로 돌리게 하려고 서둘러 시작했다는 말도 있지만, 어쨌거나 프로 야구는 즐겁다.

선동열과 최동원

최동원 VS 선동열, 지존은 누구?

1982년 개막된 프로 야구가 명실 공히 최고의 국민 스포츠로 자리 잡고 있다. 출범 첫해 22연승을 달성한 투수 박철순에서부터 한 시즌 최다 홈런을 쳐낸 이승엽, 그리고 야구의 신 양준혁과 바람의 아들 이종범까지 프로 야구 출범 이래 화려한 스타 선수들이 쉴 새 없이 화제를 낳고 있다. 하지만 아직까지 1987년 5월 16일 벌어진 경기의 두 주인공을 대신할 선수는 없다.

롯데자이언츠와 해태타이거즈의 이날 경기는 그야말로 온 국민의 관심이 쏠린 경기였다. 물론 어느 팀이 이길까도 중요했지만, 백 년에 한 번 나올까 말까 한 두 투수 최동원과 선동열의 선발 맞대결에 전국의 모든 야구팬들의 이목이 집중됐다.

두 선수의 대결은 경기 시작 전 그라운드 밖에서부터 벌써 뜨겁게 달아올랐다. 경상도와 전라도, 연세대와 고려대, 롯데와 해태라는 출신 지역과 학교, 그리고 제과업계의 라이벌 구도까지 그야말로 사활을 건 한판이 될 수밖에 없는 상황이었다.

그때까지 두 선수의 상대 전적은 1승 1패. 따라서 오늘 승리를 거두는 선수가 한국 프로 야구의 진정한 에이스로 등극하게 되는 것이었다.

지역, 학교, 기업 라이벌의 대결

경기는 예상대로 시종 손에 땀을 쥘 만큼 긴장의 연속이었다. 두 투수의 혼신을 다한 피칭으로 양 팀 타자들은 거의 맥을 못 추었다. 마치 사전에 각본을 짜기라도 한 듯 9회 말까지 스코어는 1대 1 무승부. 연장전에서도 무쇠팔 최동원과 무등산 폭격기 선동열의 피 말리는 혈투가 다시 이어졌다.

마침내 15회까지의 연장도 모두 끝이 났다. 결과는 2대 2 무승부. 경기 시간은 총 4시간 54분. 두 투수는 끝내 승부를 가리지 못했다. 하지만 부산 사직구장을 찾은 팬들과 TV로 경기를 지켜본 시청자들은 두 투수의 명승부에 아낌없는 박수를 보냈다. 이날 경기는 프로 야구사에 길이 남을 퍼펙트게임으로 기록될 것이다.

영화 〈퍼펙트게임〉 포스터

영원한 맞수의 운명

그 이듬해인 1988년 최동원은 선수들의 권익을 보호하기 위해 프로야구선수협회 결성을 주도하다 구단에 밉보여 삼성라이온즈로 방출된 뒤, 부진을 면치 못하다 1990년 32세의 젊은 나이에 은퇴를 한다. 그 후 한화이글스 2군 감독으로 지내다 2011년 9월 14일, 53세의 나이에 대장암으로 세상을 떠났다. 반면 선동열은 90년대 중반까지 한국 최고의 투수로 전성기를 구가하다 1996년에 일본 프로 야구 무대에 진출한다. 일본 진출 첫해엔 적응을 못해 굴욕을 맛봤지만, 이듬해인 97년부터 3년간 최정상급 투수로 우뚝 서 '나고야의 태양'이라는 새로운 별명을 얻는다. 1987년 5월 16일 최동원과 선동열이 펼친 명승부는 영화 〈퍼펙트게임〉(2011년)에 아주 감동적으로 잘 그려져 있다.

20세기 역사 기행

5·18광주와 6월항쟁의 흔적을 찾아서

광주항쟁과 1987년 6월항쟁의 흔적이 남아 있는 곳으로 역사 여행을 떠나 보자. 시민군의 최후 보루였던 옛 전남도청과 국립5·18민주묘지, 그리고 6월항쟁이 시작된 곳 향린교회까지…….

옛 전남도청 본관

➡ 광주시 금남로 1가. 이곳에 광주항쟁의 중심이자 시민군 최후의 보루였던 옛 전남도청이 있다. 2012년 현재 이곳 뒤편에서는 국립아시아문화전당 신축 공사가 한창 진행 중이다. 몇 해 전 옛 도청 건물을 철거해 아시아문화전당 통로를 마련하려는 정부의 계획에 맞서 보존 운동이 거세게 일어났다. 다행히 그대로 보존하는 쪽으로 결론이 났지만, 하마터면 광주항쟁의 상징을 잃을 뻔했다. 1980년 5월 27일 새벽, 전남도청을 사수하기 위해 최후까지 저항하던 시민군들은 이곳에서 끝내 최후를 맞았다. 이곳에서 금남로를 따라 옛 광주은행 사거리에 이르는 518미터 거리는 2011년 8월 30일 광주시가 '유네스코 민주인권로'로 지정했다.

국립5·18민주묘지

➡ 518번 시내버스를 타고 광주 영령들이 잠들어 있는 5·18묘지로 가 보자. 5·18묘지는 예전 망월동 묘지와 새롭게 조성한 국립5·18민주묘지로 나눠져 있다. 하지만 아직도 구 묘지에는 5·18 희생자뿐 아니라 민족시인 김남주, 1987년 6월항쟁 때 최루탄에 맞아 사망한 이한열, 그리고 1991년 경찰의 쇠파이프에 맞아 사망한 강경대 열사 등 민주 열사들의 묘지가 있다. 망월동 묘지에서 얼마 멀지 않은 곳에 1997년 새로 완공된 국립5·18민주묘지가 있다. 이곳에는 광주 영령의 묘와 사진을 모신 곳, 그리고 광주항쟁 당시의 상황을 알려주는 추모관 등이 있다.

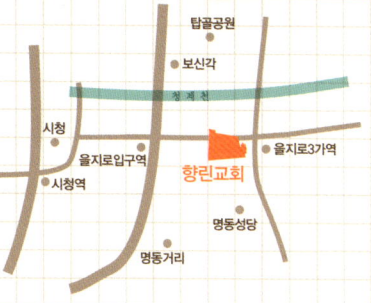

서울 향린교회

➡ 명동성당 맞은편으로 난 좁다란 골목을 따라 50여 미터 가량 내려가면 골목 안쪽에 향린교회가 있다. 1987년 5월 27일, 이곳에서 6월항쟁을 이끌 연합 단체 '민주헌법쟁취 국민운동본부' 발족식이 열렸다. 원래는 덕수궁 옆 성공회 대성당에서 열려고 했으나 정보기관의 감시가 심해 그곳으로 모이기 어려웠다. 그래서 가까스로 감시의 눈을 피해 이날 아침 8시, 150명의 발기인들이 이곳 향린교회에 모여 발족식을 가졌다. 이 모임은 한국 현대사 최대 사건인 6월항쟁의 시발점이 되었다.

특종 다시 보기

20세기 한국사 10大 사건

20세기 한국사를 뒤흔들었던 결정적인 사건은? 식민지와 해방, 분단과 전쟁, 그리고 민주주의를 이루기 위한 기나긴 싸움들. 지난 100년 동안 이 땅에서 벌어진 10대 사건 총정리.

일장기가 게양된 경복궁 근정전

→ 이천만 동포의 3·1만세운동

1919년 3월 1일 삼천리 방방곡곡에서 대한 독립 만세 소리가 힘차게 울려 퍼졌다. 일제 식민지가 된 지 10년. 조선 민족은 일제의 억압과 착취를 거족적인 만세 운동으로 받아쳤다. 조선인의 독립 의지에 일본은 물론이고, 전 세계도, 그리고 우리 민족 스스로도 놀랐다.

민족대표 33인

↑ 일제의 식민지가 되다

1910년 8월 29일 500여 년을 이어 온 조선이 망하고 일본 제국주의의 식민지가 되었다. 이날부터 우리 민족은 36년간 일제의 노예로 살아야 했다. 하지만 우리 민족은 일제의 억압에도 만주와 연해주, 미국과 일본에서 독립운동을 벌였다. 심지어 일제가 눈에 불을 켜고 감시하는 조선 땅에서도.

→ 꿈에 그리던 해방의 그날

1945년 8월 15일 아시아 여러 나라를 침략하고 제2차 세계대전에서 날뛰던 일제가 연합군에 항복. 우리는 꿈에 그리던 해방을 맞았다. 하지만 해방의 기쁨도 잠시, 분단이라는 괴물이 우리 민족을 억누르기 시작했다.

해방의 기쁨

대한민국 정부 수립 선포식

← 닻을 올린 '대한민국호'

1948년 8월 15일 일제로부터 해방된 지 3년 만에 대한민국이 태어났다. 대한민국이 탄생하기 전 남쪽은 이른바 좌익과 우익이 피 터지게 싸우는 바람에 이승만 중심의 보수 우익 정부가 들어섰다. 물론 북쪽과 통일정부를 수립하는 데도 실패했다.

삼팔선을 넘어오는 북한군 탱크

이승만 하야에 환호하는 시민들

쿠데타 직후 박정희 소장

↑동족상잔의 참극, 6·25전쟁

1950년 6월 25일 북한군의 기습 남침에 남한 정부는 속수무책으로 무너졌다. 다행히 유엔군의 도움으로 기나긴 전쟁 끝에 1953년 7월 27일에 휴전협정을 맺긴 했지만, 이미 전쟁으로 수백만의 목숨을 잃었고, 가족들은 뿔뿔이 흩어진 뒤였다.

↑민중의 힘으로 이룬 4·19혁명

1960년 4월 19일 우리 역사상 최초로 민중의 힘으로 살아 있는 권력을 쓰러뜨렸다. 마산에서 시작된 부정 선거 규탄 시위가 서울과 전국 각지로 확대, 마침내 이승만 독재 정권을 무너뜨렸다.

↑민주주의를 짓밟은 5·16 군사 쿠데타

1961년 5월 16일 박정희와 그를 따르던 다수의 군인들이 군사 쿠데타를 일으켰다. 이 때문에 4·19혁명으로 갓 피어나기 시작한 민주주의는 꽃을 채 피워 보지도 못한 채 꺾이고 말았다. 박정희의 군사 쿠데타는 그 후 18년간의 장기 독재로 이어졌다.

곤봉으로 시민을 내리치는 계엄군

← 1980년 피로 얼룩진 오월 광주

1980년 5월 18일 전두환과 신군부는 민주주의를 요구하는 광주 시민들을 총칼로 무참히 짓밟았다. 그날로부터 열흘 가까이 계속된 계엄군의 만행에 광주 시민들은 더는 참을 수 없어, 스스로 무장하여 도청에서 최후까지 싸우다 끝내 진압되고 말았다. 하지만 80년 광주항쟁은 87년 6월 항쟁으로 가는 시발점이었다.

시청 광장에 운집한 시민들

↑1987년 6월항쟁, 그 눈물겨운 승리

1987년 6월 전두환 군사 정권을 몰아내려는 온 국민의 함성이 한반도를 뒤덮었다. 전두환은 집권 기간 내내 민주화 운동을 철저하게 탄압했다. 하지만 대학생 박종철이 고문으로 사망한 사실을 안 국민들은 더 이상 전두환을 용납하지 않았다. 그리고 마침내 전두환은 국민에게 항복 선언을 했다.

환한 웃음으로 포옹한 두 정상

↑남북 정상의 뜨거운 포옹

2000년 6월 분단 55년 만에 처음으로 남과 북의 두 정상이 만났다. 남과 북의 두 정상은 우리 민족이 자주적으로, 평화롭게, 온 민족이 모두 단결해 통일을 이루자고 합의했다. 6·15남북공동선언은 통일로 가는 기나긴 여정의 뜻 깊은 첫걸음이 될 것이다.

퀴즈로 푸는 20세기 한국사. 재미있게 문제 풀고, 20세기 한국사도 마스터하는 일석이조 역사 퀴즈!

1 1988년 국회 5공 비리 청문회 때 탁월한 논리와 송곳 같은 질문으로 증인들을 벌벌 떨게 해 일약 스타가 된 국회의원은? 힌트. 훗날 대한민국 대통령이 된 사람.

① 박정희 ② 전두환 ③ 노태우 ④ 노무현

2 5·18광주항쟁 때 시민군 대변인으로 활약한 윤상원과 그의 연인 박기순의 영혼결혼식 때 처음 불린 노래로, 1980년대 이후 민중가요의 대명사가 된 노래는?

① 임을 위한 세레나데 ② 임을 위한 왈츠
③ 임을 위한 행진곡 ④ 임을 위한 발라드

3 박정희 독재 정권이 끝나고 1980년 광주항쟁이 시작되기 전 서울을 중심으로 민주주의의 봄기운이 감돌던 때를 이르는 표현은?

① 고향의 봄 ② 프라하의 봄 ③ 청춘의 봄
④ 서울의 봄

4 공수부대를 동원해 민주화를 요구하는 광주 시민들을 학살할 때 전두환과 신군부가 사용했던 화려한 작전명은?

① 화려한 휴가 ② 여름휴가 ③ 가을휴가
④ 겨울휴가

5 1987년 전두환 독재정권에 반대해 6월 10일부터 26일까지 온 국민들이 최루탄을 맞아가며 항쟁한 민주화 운동을 이르는 표현은?

① 5월항쟁 ② 6월항쟁 ③ 7월항쟁
④ 8월항쟁

6 1989년 북한을 방문해 김일성과 통일 문제에 대해 회담을 하고 돌아와 감옥에 갇힌 인물로, 죽는 날까지 민주화 운동과 통일 운동에 헌신한 목사는?

① 김구 ② 임수경 ③ 정주영 ④ 문익환

7 현대그룹 정주영 회장이 통일 소를 몰고 북한을 다녀오고 난 뒤로 북한 관광 시대가 열렸는데, 처음에는 유람선으로, 나중에는 육로로 버스를 타고 여행할 수 있게 된 이 상품의 이름은?

① 금강산 관광 ② 묘향산 관광
③ 백두산 관광 ④ 한라산 관광

8 2000년 6월 15일, 남북 분단 이후 55년 만에 남한의 김대중 대통령과 북한의 김정일 위원장이 만나 합의한 공동선언으로, 남과 북이 자주적이고 평화적으로, 그리고 민족이 하나 돼서 통일을 이루기 위해 노력한다는 내용을 담은 이 명칭은?

① 6·15남북공동선언 ② 6·15남북불가침선언
③ 8·15남북공동선언 ④ 8·15남북불가침선언

9 1997년 김영삼 정부 시절, 우리나라의 기업과 정부와 은행에 달러가 부족해 생긴 외환 위기로, 기업이 부도나고 직장인들이 대량 해고됐으며, 주식이 폭락하고 환율이 오르는 등 서민들 생활에 치명타를 안긴 이 사태는?

① BBK사태 ② IMF사태 ③ YS사태 ④ MB사태

10 세계사 문제. 1989년 독일 분단의 상징인 이 장벽이 무너짐으로써 동독과 서독은 통일을 이룰 수 있었는데, 독일의 수도 베를린을 동서로 갈라놓았던 이 장벽의 이름은?

① 뮌헨장벽 ② 프랑크푸르트장벽
③ 베를린장벽 ④ 하이델베르크장벽

11 대한민국 역대 대통령과 그에 대한 설명을 선으로 연결 하시오.

① 이승만　　　㉮ 민주화와 남북 화해에 기여한 인물
② 박정희　　　㉯ 광주학살 최종 책임자로, 퇴임 후 29만 원으로 떵떵거리며 살고 있는 인물
③ 전두환　　　㉰ 통치 기간 18년으로 역대 대통령 최장 통치 기록 보유자
④ 김영삼　　　㉱ 4·19혁명으로 하야한 역대 최고령 대통령 기록 보유자
⑤ 김대중　　　㉲ 집권 시 IMF 경제 위기를 불러온 인물

12 1987년 5월 16일 롯데자이언츠와 해태타이거즈의 프로야구 경기에 선발 출전해 15회 연장까지 가는 명승부를 펼친 투수로, 한국 프로 야구 사상 최고의 투수는?

① 박찬호와 김병현 ② 정민태와 정민철
③ 류현진과 김광현 ④ 최동원과 선동렬

정답 1.㉯ 2.㉰ 3.㉮ 4.① 5.② 6.㉮ 7.① 8.① 9.② 10.③ 11.①-㉱ ②-㉰ ③-㉯ ④-㉮ ⑤-㉮ 12.㉯

지금은 마감 중

와글와글 편집실 풍경

원고 마감, 교열 교정, 그림 발주, 만화 콘티 짜기, 사진 촬영, 디자인 작업 등등 《특종! 20세기 한국사》 편집실은 전쟁터. 제때 책을 펴내기 위해 마감 시간과 싸우는 야단법석, 와글와글 편집실 풍경 엿보기!

편집 후기

29만 원으로 떵떵거리며 사는 사나이

《특종! 20세기 한국사》 마지막 권의 가장 요주의 인물은 전두환이 아닐까 싶다. 박정희가 죽고 나서 얼마 뒤 12·12 군사 쿠데타를 일으킨 반란군 수괴이며, 광주에서 수백 명의 시민을 학살한 최종 책임자이고, 집권 시 수천억 원의 뇌물을 받아먹은 범죄자임에도 아직도 떵떵거리면서 살고 있으니 말이다. 게다가 국가로부터 2천억 원이 넘는 추징금을 선고받고도 자기는 29만 원밖에 없다고 배 째라고 나오는 데는 두 손 두 발 다 들었다. 이양반 언제쯤 인간이 될까.
— 분개한 편집장

100년 동안 우리는

1900년부터 2000년까지, 100년 동안 우리는 36년간 일제 식민지에서 살았고, 해방 이후 60여 년간은 줄곧 분단된 채로 지내 왔으며, 그중 40여 년간은 독재 정치 속에서 숨죽이며 지내 왔다. 우리가 민주주의라고 말할 만한 시기를 제대로 경험한 건 겨우 10년에 지나지 않는다. 그럼에도 우리는 산업화 민주화를 동시에 이뤄 낸, 세계에서 몇 안 되는 나라로 우뚝 섰다. 앞으로가 더 중요하다. 민주주의는 지도자 한번 잘못 만나면 언제든 후퇴하게 마련이다. 그러니까 그런 지도자가 얼씬 못하도록 정신 바짝 차려야 한다.
— 민주주의의 진전을 바라는 이 기자

21세기 특종을 기대하며

21세기 한국사에 특종이 나온다면, 그건 아마 한반도 통일 뉴스가 되지 않을까. 우리나라에서뿐 아니라 전 세계의 특종 뉴스가 될 거다. 하지만 통일이 말처럼 그렇게 쉽지는 않을 것이다. 1990년 통일을 이룬 독일은 동독과 서독 간에 왕래도 활발했고, 전쟁도 없었다. 하지만 우리는 한바탕 전쟁을 치렀고, 왕래도 가뭄에 콩 나듯 한다. 아무쪼록 21세기 주역인 여러분이 앞장서 이 문제를 풀어 주길 바란다.
— 21세기 특종을 기대하는 김 주간

20세기 미해결 과제 네 가지

내가 볼 때 21세기로 넘어갈 20세기 미해결 과제는 크게 네 가지인 것 같다. 첫째, 친일파 청산. 해방 직후 했어야 하는데, 못하는 바람에 아직도 친일파가 나대고 있다. 둘째, 좌우 갈등. 이 문제 때문에 해방 후에 그렇게 혼나고도 아직 정신 못 차리는 것 같다. 셋째, 지역감정. 전라도니 경상도니 하며 지역감정을 조장하는 추잡한 짓은 이젠 그만 집어치우자. 넷째, 사회 양극화. 20세기 말 IMF사태로 빈부 격차가 심해졌는데, 21세기 가면 더 심해질 것 같다. 심각한 문제다.
— 21세기를 걱정하는 시민의 모임 양팀장

포효하는 한반도 지도

사진과 그림 제공 및 출처

10-11 노래 모음집 《임을 위한 행진곡》(민주화운동기념사업회) /
백기완(민주화운동기념사업회)
16-17 노무현 만화(출처 모름)
18-19 노무현의 어린 시절(노무현재단) /
선거 유세하는 노무현(연합뉴스) /
3당 합당에 항의하는 노무현(민주화운동기념사업회)
20-21 영정 든 아이(독일 《슈피겔》) / 명동성당 농성(뉴스뱅크)
넥타이 부대(민주화운동기념사업회) / 노동해방도(최병수)
22-23 12·12사태(출처 모름)
24-25 12·12사태의 주역들(연합뉴스) / 환영 인파에 둘러싸인 김대중(출처 모름) / 1980년 서울의 봄(경향신문사)
26-27 광주항쟁 진압 작전에 동원된 전차들(5·18기념재단)
28-29 금남로 차량 시위(5·18기념재단) /
무장한 시민군(5·18기념재단)
30-31 분수대 앞 광장의 시민궐기대회(5·18기념재단) /
시민군에게 주먹밥을 나눠 주는 부녀자들(5·18기념재단)
32-33 희생자 시신들(5·18기념재단) / 김성룡 신부(시민의 소리)
34-35 도청에서 끌려 나오는 사람들(5·18기념재단)
36-37 윤상원과 박기순이 합장돼 있는 망월동 묘지(시몽포토)
38-39 전남대 총학생회장 시절의 박관현(한국언론재단미디어)
40-41 영화 《화려한 휴가》 포스터(한국영상자료원)
42-43 6월 민주 대항쟁의 시작(출처 모름)
44-45 박종철 고문치사 항의 시위(뉴스뱅크)
46-47 명동성당 농성(민주화운동기념사업회) /
부산 서면 일대의 대규모 시위(출처 모름) /
부산 6월항쟁의 야전사령관 노무현(노무현재단) /
아나의 조국(영월미디어박물관장-고명진)
48-49 광주의 6월항쟁(출처 모름) / 광주 금남로의 이한열 운구 행렬(출처 모름) / 노태우의 6·29선언(조선일보사) /
1987년 대통령 선거 포스터(출처 모름)
54-55 울산 지역의 노동자 파업 투쟁(뉴스뱅크) /
울산 현대 노동자의 시가행진(민주화운동기념사업회)
62-63 출소 후 구호를 외치는 김근태(뉴스뱅크)
64-65 이산가족 상봉(뉴스뱅크) / 정주영(현대아산)
문규현 신부와 임수경(민주화운동기념사업회)
66-67 KBS 사옥 앞 풍경(시공미디어)
68-69 33년 만에 만난 오누이의 절규(뉴스뱅크)
70-71 남북학생회담 요구 시위(연합뉴스)
72-73 평양 시민들에 답하는 임수경(출처 모름) / 평양 축천 환영 물결(송광호) / 전대협기를 앞세우고 입장하는 임수경(송광호)
74-75 기자회견을 하는 임수경(송광호) / 평화운동가들과 행진하는 임수경(출처 모름) / 임수경 판문점 귀환 1차 시도(연합뉴스) /
귀환 후 체포되는 임수경(뉴스뱅크)
76-77 평양 순안 공항에 내린 황석영(출처 모름) /
김일성과 문익환(출처 모름)
78-79 귀국 후 구속되는 황석영(출처 모름) / 구속 후 재판 받으러 가는 문익환(민주화운동기념사업회)
80-81 울산 현대조선소 공사 현장에 선 정주영(현대중공업) /

물막이 공사에 동원된 유조선(연합뉴스)
82-83 소 떼 방북 직전의 정주영(현대아산) / 통일대교를 건너는 트럭 행렬(연합뉴스) / 판문점을 통과하는 트럭 행렬(뉴스뱅크)
84-85 금강산 관광 첫 출항에 나선 금강호(뉴스뱅크)
86-87 베를린 선언을 발표하는 김대중(뉴스뱅크)
88-89 금수산 기념궁전(연합뉴스) / 김대중과 김정일의 첫 만남(연합뉴스) / 서로의 손을 굳게 잡은 두 정상(연합뉴스) /
평양 시민들의 열렬한 환영(연합뉴스)
92-93 만찬장에서 노래하는 두 정상(민주화운동기념사업회) /
김대중 노벨상 연설(연합뉴스) /
6·15남북 공동선언 후 두 정상(연합뉴스)
112-113 지하도에 모여든 노숙자(연합뉴스) /
금 모으기 운동에 동참한 김대중(출처 모름)
116-117 참회하는 빌리 브란트(BPK-GNCmedia) /
베를린 장벽이 무너질 당시 모습(연합뉴스)
118-119 고르바초프와 옐친(위키피디아)
120-121 홍콩 주권 이양식(뉴스뱅크) / 홍콩 야경(위키피디아)
124-125 《창작과 비평》 1988년 봄호(㈜창비) / 《문학과 사회》 1988년 봄호(문학과지성사) / 《실천문학》 1988년 복간호(실천문학사) / 《태백산맥》 1권 표지(해냄출판사) /
《조국은 하나다》(실천문학사) / 《노동의 새벽》(풀빛)
126-127 장영주(연합뉴스) / 《노래를 찾는 사람들 1》(출처 모름) /
《92년 장마, 종로에서》(출처 모름) /
서태지 은퇴 당시 《한겨레》 만평(박재동)
128-129 《하나됨을 위하여》(임옥상) / 오윤(출처 모름) /
《오적》(출처 모름)
130-131 영화 《서편제》 포스터(한국영상자료원)
영화 《오아시스》 포스터(한국영상자료원)
영화 《바보선언》 포스터(한국영상자료원)
영화 《칠수와 만수》 포스터(한국영상자료원)
영화 《수취인 불명》 포스터(한국영상자료원)
134-135 컵라면과 삼각김밥(시몽포토) / 햄버거, 피자, 프라이드치킨 (시몽포토) / 패밀리 레스토랑 내부(뉴스뱅크)
136-137 황영조(연합뉴스) / 박세리(출처 모름) /
선동렬과 최동원(출처 모름) /
영화 《퍼펙트게임》 포스터(한국영상자료원)
138-139 옛 전남도청 본관(북앤포토) / 국립 5·18민주묘지(북앤포토) /
향린교회(시몽포토)
140-141 일장기가 게양된 경복궁 근정전(출처 모름) /
민족대표 33인 기록화(독립기념관) / 해방의 기쁨(연합뉴스) /
대한민국 정부 수립 선포식(연합뉴스) /
삼팔선을 넘어오는 북한군 탱크(뉴스뱅크) /
이승만 하야에 환호하는 시민들(4·19혁명기념도서관) /
쿠데타 직후 박정희 소장(연합뉴스) / 곤봉으로 시민을
내려치는 계엄군(5·18기념재단) / 시청 광장에 운집한 시민들(연합뉴스) / 남북 정상의 뜨거운 포옹(연합뉴스)
146-147 포효하는 한반도(고려대학교박물관)

- 이 책에 쓴 사진은 해당 사진을 보유하고 있는 단체와 저작권자의 허락을 받아 게재한 것입니다. 사진을 제공해 주셔서 고맙습니다.
- 저작권자를 찾지 못하여 게재 허락을 받지 못한 사진은 저작권자를 확인하는 대로 게재 허락을 받고, 통상 기준에 따라 사용료를 지불하겠습니다.

그림을 그린 이상규 선생님은 만화가로 일하다가 지금은 어린이 책에
그림을 그리고 있습니다. 그동안《돌도끼에서 우리별 3호까지》《애들아, 역사로 가자》
《전태일, 불꽃이 된 노동자》같은 책에 그림을 그렸습니다.

그림을 그린 조재석 선생님은 대학에서 시각디자인을 공부하였습니다. 디자이너로 일하다가
지금은 어린이 책에 그림을 그리고 있습니다. 그동안《백성을 역사의 주인으로 세운 혁명가 전봉준》
《아홉 살 인생 멘토》같은 책에 그림을 그렸습니다.

만화를 그린 김소희 선생님은 대학에서 시각디자인을 공부하였습니다.
지금은 어린이 책에 만화 작업과 그림을 그리고 있습니다. 그동안《희원이의 7000원》
《붓과 총을 든 여전사 의병장 윤희순》《완두콩》같은 책에 그림을 그렸습니다.

특종! 20세기 한국사 5
글 이광희 | 그림 이상규 조재석 김소희

초판 1쇄 펴낸날 2013년 1월 10일 **초판 3쇄 펴낸날** 2014년 5월 9일
펴낸이 정구철 | **편집장** 한해숙 | **기획·편집** 네사람 | **디자인** 디자인아이, 한주연 | **사진진행** 시몽포토에이전시
마케팅 김용재, 박영준 | **영업관리** 김효순 | **제작** 김용학, 김성수
펴낸곳 (주)한솔수북 | **출판 등록** 제2013-00276호 | **주소** 121-896 서울시 마포구 월드컵로 96 영훈빌딩 5층
전화 02-2001-5822(편집), 02-2001-5828(영업) | **전송** 02-2060-0108
전자우편 isoobook@eduhansol.co.kr | **북카페** cafe.naver.com/soobook | **페이스북** www.facebook.com/isoobook
ISBN 978-89-535-8378-8 74910
       978-89-535-8373-3(세트)

ⓒ 2013 이광희·네사람

※저작권법으로 보호받는 저작물이므로 저작권자의 서면 동의 없이 다른 곳에 옮겨 싣거나 베껴 쓸 수 없으며 전산장치에 저장할 수 없습니다.
※값은 뒤표지에 있습니다.

한솔수북의 모든 책은 아이의 눈, 엄마의 마음으로 만듭니다.